유식이가 사는 마을에 은행털이 사건이 발생한다. 유식이는 빨간내복으로 변신해 범인을 잡고 영웅이 된다. 그런데 어찌 된 일인지 유식이는 범인으로 몰려 감옥에 갇히고 만다. 나유식은 이 위기를 어떻게 빠져나올 수 있을까?

히히. 날 잡아 보라지.

은행털이범을 내 손으로 잡고 말겠어.

어딜 도망가!

꽥!

퍽!

난 범인이 아니라구!

글 서지원

한양대학교를 졸업하고 《문학과 비평》에 소설로 등단해, 지식과 교양을 유쾌한 입담과
기발한 상상력으로 전하는 이야기꾼입니다. 지식 탐구 능력과 창의적인 문제 해결 능력을
스토리텔링으로 풀어낸 책 250여 종 중에서 중국, 대만 등에 수십 종의 책이 수출되었고,
서울시 올해의 책, 원주시 올해의 책, 문화체육관광부와 한국도서관협회가 뽑은 우수문학도서
등에 선정되었습니다. 2009 개정 초등 국정 교과서와 고등 모델 교과서를 집필했고,
초등학교 4학년 2학기 국어 교과서에 동화가 수록되었습니다.
쓴 책으로는 《빨간 내복의 초능력자 (시즌 1) 1~5》 《마지막 수학전사 1~5》
《몹시도 수상쩍은 과학교실 1, 2, 3》 등이 있습니다.

그림 이진아

'십만원영화제'의 포스터 디자인을 시작으로 여성영화제, 인디다큐페스티발,
인디애니페스트 등 다양한 문화제와 영화제의 포스터를 그렸습니다. 그 밖에도
프리랜서 일러스트레이터로 다양한 작업을 하고 있습니다.
그린 책으로는 《생각이 크는 인문학》 시리즈, 《그릉 그릉 그릉》, 《나쁜 고양이는 없다》,
《빨간내복의 초능력자》, 《산이 부른다 1, 2》 등이 있습니다. 작가의 인스타를
방문하시면 더 다양하고 재미있는 일상툰을 만나보실 수 있습니다.
www.instagram.com/altodito

감수 와이즈만 영재교육연구소

창의 영재수학과 창의 영재과학 교재 및 프로그램을 개발했습니다. 구성주의 이론에
입각한 교수학습 이론과 창의성 이론 및 선진 교육 이론 연구 등에도 전념하고 있습니다.
국내 최고의 사설 영재교육 기관인 와이즈만 영재교육에 교육 콘텐츠를 제공하고
교사 교육을 담당하고 있습니다.

빨간 내복의 초능력자

와이즈만 과학동화

빨간 내복의 초능력자
❹ 인체의 비밀을 풀다!

1판 1쇄 발행 2014년 4월 29일
1판 13쇄 발행 2024년 4월 24일

서지원 글 | 이진아 그림 | 와이즈만 영재교육연구소 감수

발행처 와이즈만BOOKs
발행인 염만숙
출판사업본부장 김현정
편집 원선희 양다운 이지웅
디자인 윤현이
마케팅 강윤현 백미영 장하라

출판등록　1998년 7월 23일 제1998-000170
제조국　대한민국
사용 연령　8세 이상
주소　서울특별시 서초구 남부순환로 2219 나노빌딩 5층
전화　마케팅 02-2033-8987　편집 02-2033-8928
팩스　02-3474-1411
전자우편　books@askwhy.co.kr
홈페이지　mindalive.co.kr

저작권자 ⓒ 2014 서지원 이진아
이 책의 저작권은 서지원 이진아에게 있습니다.
저자와 출판사의 허락 없이 내용의 일부를 인용하거나 발췌하는 것을 금합니다.

*잘못된 책은 구입처에서 바꿔 드립니다.

*와이즈만 BOOKs는 (주)창의와탐구의 출판 브랜드입니다.

빨간 내복의 초능력자

4 인체의 비밀을 풀다!

서지원 글 | 이진아 그림 | 와이즈만 영재교육연구소 감수

작가의 말 _6

열네 번째 사건

철커덩! 감옥에 갇히다 _9

열다섯 번째 사건

빨간내복, 또 다른 나를 만나다 _29

초능력자의 과학일기 **왼손잡이에 대한 비밀 밝히기** _50

열여섯 번째 사건

문어 탈옥 사건 _53

초능력자의 과학일기 **변신에 대한 비밀 밝히기** _78

열일곱 번째 사건

말구 할아버지의 사이보그 연구소 _81

초능력자의 과학일기 **뼈에 대한 비밀 밝히기** _106

열여덟 번째 사건

진짜 범인을 추격하다 _109

초능력자의 과학일기 **털과 관절에 대한 비밀 밝히기** _134

작가의 말

창의 융합형 과학 인재로 성장하세요!

여러분은 혹시 과학 시간에 선생님에게 이런 질문을 던지고 싶지 않은가요?

"전기가 어떤 물질을 통과하는 건 왜 배우는 건가요? 저는 이런 지식이 왜 필요한지 모르겠어요."

이 질문은 이 책의 주인공인 나유식이 던진 질문입니다. 선생님을 엄청나게 화나게 한 질문이지만, 나유식의 질문이야말로 우리 교육에 꼭 필요한 부분을 지적하고 있어요. 과학은 그저 딱딱하고 비현실적이며 지식을 외우는 과목이 아니거든요.

이 책에서 나유식은 계속 호기심을 던져요. 남자에게 왜 젖꼭지가 있는지, 카멜레온은 어떻게 몸 색깔을 바꾸는지, 사람의 뼈는 몇 개인지 궁금해 해요. 그러면서 그 속에 숨어 있는 기초 과학의 원리에 대해 하나씩 깨달아 가요. 이것이 바로 나유식이 '공학'에서 '기초 과학'의 원리를 깨우치는 과정입니다. 그리고 이것이 '창의적인 과학 교육'이라고 할 수 있어요. 창의적인 과학 교육은 기초 과학이라는 틀을 벗어나 기술과 공학, 제품 등을 융합해서 새로운 것을 창조해 내는 것이에요. 이것을 '융합'이라고 하지요.

지금 전 세계는 '융합'으로 발전하고 있어요. 스마트폰이나 태블릿 PC 같은 것이 대표적인 융합 제품이에요. 융합 기술은 우리의 삶과 사회 구조를 완전히 바꾸고 있지요.

여러분의 과학 교육도 '융합'으로 바뀌고 있어요. 초등학교도 융합 인재 교육을 본격적으로 시작했어요. STEAM 융합 인재 교육이란, 학생들이 재미없다고 느끼는 수학(Mathematics)과 과학(Science)을 기술(Technology)과 공학(Engineering), 나아가 예술(Arts)과 연결하고 융합해요. 그래서 융합적 사고력을 키우고, 창의적인 문제 해결 능력을 갖추게 하지요. 예전의 과학은 나무는 볼 수 있어도 숲은 볼 수 없었지만, 융합형 과학은 기초 과학과 기술, 공학, 예술 등을 연결해서 커다란 숲을 볼 수 있는 능력을 키워 줍니다.

여러분이 융합형 과학 인재가 되려면 나유식처럼 주변에 있는 것들에 대해 호기심을 가지세요. 과학은 멀리 있는 공부가 아니에요. 우리 주변의 물건들에 대해 '왜?'라는 질문을 던져 보세요. 여러분이 통찰력과 상상력으로 가득 찬 융합형 과학 인재가 되기를 바랍니다.

서지원

열네 번째 사건

철커덩!
감옥에 갇히다

코끼리 생각이 났다. 아빠와 함께 동물원에 간 적이 있었다. 철창 안에 갇힌 코끼리는 같은 행동을 반복했다. 한자리에서 앞뒤로 흔들흔들 몸을 흔드는 것이다. 한 시간이 지나도 계속 똑같이 몸을 흔들었다. 나는 아빠에게 물었다.

"아빠, 코끼리가 왜 저러는 걸까요?"

아빠도 정확한 대답을 하지 못했다.

"아마 코끼리가 춤추는 게 아닐까? 유식이도 오고, 구경꾼들이 많이 오니까 신 나고 기분이 좋은 거지."

나도 그런 줄로만 알았다. 사육사가 잘 돌봐 주고 사람들이 좋아하니까 코끼리도 기쁜 줄로만 알았다. 그런데 내가 사실을 제대로 알게 된 것은 1년이나 지난 후 환경 과학 책을 보고 나서였다.

　코끼리는 춤추는 일이 결코 없다. 코끼리가 하루 종일 몸을 흔드는 것은 코끼리가 미쳤기 때문이다. 좁은 우리에 갇힌 동물들은 우리가 상상하지 못할 만큼 심한 스트레스를 받는다고 한다. 사람들은 그걸 모르고 사람들이 잘 돌봐 줘서 코끼리가 행복하니까 춤을 춘다고 착각한다. 사람들은 얼마나 어리석은 것일까? 불행을 거꾸로 행복으로 보다니! 나도 얼마나 어리석었던 것일까? 눈물이 났다. 자꾸 눈물이 볼을 타고 흘러내렸다.

　코끼리뿐만이 아니다. 감옥 같은 우리에 갇힌 동물들은 하루 종일 벽에 등을 부딪치거나, 하루 종일 고개를 흔드는 행동을 반복한다고 한다. 자기가 토한 걸 다시 먹고 또 토하는 일을 반복하는 동물도 있다고 한다. 그게 모두 동물들이 미쳐서 하는 행동이다.

우리에 갇힌 동물들이 얼마나 자유를 그리워하는지 개를 보면 알 수 있다. 개들이 가장 기뻐하는 시간은 주인과 함께 집 밖으로 산책을 가는 시간이다. 얼마나 좋으면 펄쩍펄쩍 뛰고, 정신없이 꼬리를 흔들고, 침을 흘리며 제자리를 맴돌까?

그런데 나는 코끼리를 닮아 가는 것만 같았다. 나는 갑자기 형사들에게 체포돼 감옥에 갇혔다. 감옥을 지키는 교도관들이 철창 밖에서 동물원의 동물 바라보듯 나를 들여다보며 감시했다. 창밖으로 파란 하늘이 보였다. 햇빛이 눈부시도록 쏟아졌

고, 솜털 같은 흰 구름이 자유롭게 떠다녔다. 그러나 내 앞은 굵은 쇠창살과 단단한 벽들이 가로막고 있을 뿐이다. 산책을 가고 싶은 개의 마음이 이제야 이해가 됐다.

내 이름은 나유식, 별명은 너무식. 나이는 열한 살. 냉천 초등학교 4학년 3반이다. 어제까지만 해도 나는 지구를 지키는 슈퍼히어로를 꿈꿨다. 배트맨, 스파이더맨, 슈퍼맨까지는 아니더라도 동네를 지키는 동네 히어로. 아이들은 '너는 무식하다'면서 너무식이라고 놀렸지만, 나는 나를 '빨간 내복의 초능력자'라고 불렀다. 우리 집 마당에 떨어진 별똥별 때문에 나는 초능력자가 됐다. 물론 내 마음대로 초능력을 부릴 수 있는 것은 아니라서, 좀 모자란 초능력자지만.

'너무식이라고 놀려도 좋으니 친구들을 볼 수만 있다면…….'

나는 파란 하늘을 바라보며 친구들을 그리워했다.

"여기는 왜 들어오셨소?"

고개를 푹 숙인 채 무릎에 머리를 감싸고 구석에서 울고 있는 내게 누군가 물었다.

"여기는 왜 들어오셨냐고요?"

여기란 감옥을 가리켰다. 나는 대답을 할 수가 없었다. 여기 왜 들어왔는지 나도 모르기 때문이었다. 감옥에 있는 사람들은 이상했다. "안녕하세요."라고 인사를 하지 않았다. 왜 들어왔는지부터 물었다.

내가 갇힌 방에는 아저씨가 두 명 있었다. 뒷모습만 보고 여자인 줄 알았던 긴 머리의 아저씨, 정반대로 머리카락이 하나도 없는 대머리 아저씨였다. 대머리 아저씨는 내게 말을 시키는 걸 포기하고, 뒷모습만 여자인 아저씨에게 물었다.

"같은 방에 머무는 사람끼리 자기소개나 합시다. 여긴 왜 들어왔소?"

뒷모습만 여자인 아저씨는 공주처럼 빗질을 하더니 돌아봤다.

"어허, 무엄하도다! 나는 용궁선녀라고 불러요!"

"선녀? 남자가 웬 선녀? 선녀는 하늘에서 내려오는데 웬 용궁?"

"어허, 이런 무식한 자를 봤나? 나는 옥황상제님의 맏딸이었소. 옥황상제님께서 어리석은 인간들을 도우라고 내려보내셔서 이 땅에 내려와 사람들의 몸과 마음의 병을 치료하는 중이요."

"아하, 가짜 점쟁이! 엉터리 능력으로 남을 속이려다가 들어왔군."

대머리 아저씨가 혀를 쯧쯧 찼다.

"그러는 당신은 왜 들어왔는데?"

용궁선녀가 대머리 아저씨에게 물었다.

"난 동물을 사랑한 죄밖에 없소. 단지 특별한 동물을 사랑할 뿐이지. 멸종 위기 동물이나 천연기념물 말이오. 수달, 사향노루, 여우, 담비……. 특별한 동물은 특별한 맛을 내지요."

"아하, 밀렵꾼이로구만. 힘없는 야생동물을 잡아먹고 팔아먹는 불법 사냥꾼. 동물을 사랑해야지, 먹을 것으로 사랑하니까 문제지."

용궁선녀가 사냥꾼을 향해 빈정거렸다.

"이봐요. 당신은 여기 왜 들어왔어요?"

용궁선녀와 사냥꾼이 동시에 나를 바라봤다.

"저…… 저는 뭘 잘못한 게 없어요."

"응, 그래. 난 지금까지 자기가 잘못해서 여기 들어왔다는 사람을 본 적이 없어. 그래서 왜 들어온 거요?"

"저…… 저는…… 사실은 초등학교 4학년이에요. 이름은 나유식이고요. 누명을 써서 그만……. 누명만 벗으면 곧 나갈 거예요."

나는 울음이 터져 나오려는 걸 간신히 참았다.

"아하, 알겠다. 사기꾼이구나! 감옥에 들어와서도 사기를 치려고 드니? 사기를 쳐도 남이 속을 사기를 쳐야지. 나이가 마흔은 됐을 사람이 초등학생이라니!"

하긴 내 모습은 지금 어디를 봐도 나이 많은 어른이었다. 나도 내 모습이 왜 이렇게 변했는지 알 수 없었다.

"이 모습은 제 모습이 아니에요. 저는 마법에 걸려 개구리로 변한 왕자 같은 거예요. 우리 엄마 아빠가 곧 데리러 오실 거예요."

"이제는 왕자까지? 우리 방은 왜 이래? 선녀와 왕자가 다 잡혀 오셨네."

사냥꾼은 혀를 내둘렀고, 용궁선녀는 쯧쯧 혀를 차고는 눈살을 찌푸렸다. 내가 생각해도 내 말을 믿어 줄 리가 없었다. 용궁선녀가 창살 너머에서 텔레비전을 보던 교도관에게 능청스럽게 물었다.

"저기요, 이분은 여기 왜 왔는지 아직 모르신다네요? 혹시 궁궐에 가시려다가 길을 잘못 들어서 감옥으로 들어오신 분이 아닐까요?"

"허허, 기가 막히고 코가 막히네요. 아직도 자기 죄를 뉘우치지 않고 모르쇠를 하다니. 그분은 지금 대한민국에서 모르는 사람이 없을 만큼 엄청나게 유명한 님이에요."

"유명한 님? 제가 아는 유명한 님은 대통령님밖에 없는데요?"

"님은 님인데, 도둑님이시지요. 그것도 어마어마한 대도둑님 말입니다. 뉴스 못 보셨어요?"

교도관은 벽에 걸린 TV를 가리켰다. 마침 TV에서는 뉴스가 나오는 중이었다.

세상을 떠들썩하게 했던 은행털이 용의자 이금도(39) 씨가 경찰에 긴급 체포됐습니다. 용의자는 지금까지 다섯 차례에 걸쳐 은행을 털고 경찰의 추격을 유유히 따돌렸습니다. 증거를 전혀 남기지 않아 유령 도둑이라고 불릴 정도로 세간의 이목을 집중시켰습니다. 그러나 경찰의 끈질긴 수사와 시민의 제보로 꼬리가 밟히고 말았습니다. 용의자를 체포하는 데 결정적인 도움을 준 사람은 초등학교 학생으로 알려져 더욱 화제가 되고 있습니다. 그런데 용의자는 현재 자신의 죄를 부인하면서, 자신은 이금도가 아니라고 주장하는 등 정신 이상 증세를 보이고 있습니다. 경찰은 용의자의 감쪽같은 범행 수법을 알아내 앞으로 동일한 도난 사건이 일어나지 않도록 사전에 철저한 예방을 하겠다고 약속했습니다.

텔레비전에서는 도난을 당한 은행 모습과 형사의 인터뷰, 그리고 범인을 촬영한 CCTV 장면 등이 연이어 나왔다.

"아, 유령이라고 불리던 신출귀몰 은행털이범! 나도 들어 봤어."

사냥꾼 아저씨가 손뼉을 치자 용궁선녀도 거들었다.

"대한민국 최고의 거도! 이금도. 와, 엄청난 도둑님이네. 저렇게 많은 돈을 훔쳐서 다 어떻게 했을까?"

"밭에 묻어 놨겠지. 나중에 자기 혼자 야금야금 캐서 쓰려고."

"내가 저 도둑이랑 아는 사이였으면 얼마나 좋을까? 돈 한 뭉치만 달라고 할 텐데."

용궁선녀와 사냥꾼은 주거니 받거니 하면서 오래전부터 친했던 사이처럼 떠들었다.

"잠시만! 잠시만! 저기 나오는 저 사람 말이야. 내가 아는 사람 같아."

용궁선녀가 갑자기 소리쳤다.

"누구? 은행털이범을 알아?"

용궁선녀가 고개를 끄덕였다. 그러고는 나를 가만히 바라보면서 손가락으로 가리켰다.

"똑같은 거 같은데?"

"어, 그러네! 뉴스에서는 모자를 써서 얼굴이 잘 안 보이기는 하지만, 내 눈은 못 속이지. 내가 관상 하나는 잘 보거든. 완전 똑같아!"

나는 손이 땀으로 젖었다.

"아, 아니에요. 제가 아니라고요. 저는 냉천 초등학교 4학년 3반 나유식……."

"계속 거짓말이네. 손에 난 흉터를 봐. 번개 모양으로 난 거 보이지?"

난 내 손등을 내려다봤다. 텔레비전에 나온 범인의 손등에 난 흉터와 똑같았다.

"목소리도 똑같잖아. 쳇, 누가 돈 달라고 할까 봐 마흔 살 아저씨가 초등학생으로 위장을 하네. 알았어요, 알았어. 달라고 안 할게."

나는 구석으로 들어가 몸을 구겨 넣었다. 엄마, 아빠, 누나 그리고 나의 사랑 송희주의 얼굴이 차례대로 흘러갔다.

'내가 갑자기 사라졌으니 엄마 아빠는 얼마나 걱정을 하실까? 길거리에서 전단지를 뿌리면서 애타게 나를 찾고 다니시겠지. 선생님과 친구들은 얼마나 놀라고 슬퍼할까? 혹시 유괴라도 된 줄 알고 걱정이 대단하실 거야.'

난 눈물이 줄줄 흘렀다. 먹은 것도 별로 없는데, 눈물이 계속 흐르는 게 신기했다. 눈물이 흐르니 콧물도 흘렀다. 눈물이 얼마나 짠지 나는 바닷물에 헤엄치는 기분이 들었다.

'그런데 눈물이 많이 나오면 왜 콧물도 같이 나오지? 눈물은 왜 바닷물 맛인 거지? 눈물은 얼마나 흘려야 바닥이 나는 걸까?'

이런 상황인데도 호기심들이 자판기처럼 튀어나왔다. 나는 정말 어쩔 수 없는 놈인 것 같았다.

'아, 별똥별만 있다면! 별똥별만 있다면 초능력으로 감옥을 탈출할 수 있을 텐데!'

나는 집에 두고 온 별똥별을 떠올렸다. 늘 갖고 다니다가 하필이면 사건이 벌어진 날 집에 두고 온 것이다.

'별똥별은 책상 서랍 안 플라스틱 상자에 무사히 있겠지? 누가 가져가거나 엄마가 청소하느라 버리는 건 아니겠지? 아, 별똥별만 있다면 은행털이범의 누명을 벗고, 이곳에서 벗어날 수 있을 텐데…….'

"유식아, 유식아, 뭐 하는 거야?"

누군가 나를 흔들어 깨웠다.

"누…… 누구세요?"

"엄마야. 아빠랑 누나도 왔어. 네가 좋아하는 희주와 네 질문을 귀찮아하시는 선생님도 오셨단다."

어둠 속에서 우리 가족과 희주와 선생님 얼굴이 나타났다.

"아! 엄마, 아빠, 누나, 희주야! 드디어 와 주었군요. 얼마나 기다렸는지 몰라요."

나는 몹시 반가워 벌떡 일어나 달려갔다. 엄마의 품은 여전히 따뜻했다.

"우리가 널 잃어버릴 리가 있겠니? 우리 유식이가 얼마나 소중한 사람인데."

"제가 은행털이범으로 모습이 바뀌었더라고요. 감옥에 갇힌 코끼리 같은 꼴이었어요. 엄마 아빠를 다시 볼 수 없어서 얼마나 슬펐는지 몰라요."

"그건 다 악몽이야. 우리 유식이가 악몽을 꾼 모양이구나?"

"네. 끔찍했어요."

나는 부르르 몸을 떨었다.

"우리 유식이가 우리 가족에게 얼마나 소중한 사람인데. 그런데 유식아, 궁금한 게 있구나."

"네, 뭐든 물어보세요."

"유식아, 돈은 어떻게 했니?"

"무슨 돈이요?"

나는 눈을 동그랗게 떴다. 엄마의 표정이 차갑게 굳어졌다. 아빠와 누나와 희주와 선생님이 내게 한 발짝씩 다가왔다.

"유식아, 그 많은 돈을 어디다가 숨겼어?"

"무슨 돈 말이에요?"

나는 등줄기로 식은땀이 주룩 흘렀다.

"네가 은행에서 훔친 돈!"

"제가 언제 은행에서 돈을 훔쳤다고 그래요?"

사람들이 나를 에워쌌다.

"그 많은 돈을 어디다가 숨겼어? 넌 은행털이범이잖아!"

"아니에요! 저는 은행털이범이 아니에요!"

"유식아, 그러지 말고 우리에게도 돈 좀 줘. 훔친 돈 좀 나눠 줘."

"아니야. 난 잘못이 없어. 나는 지구를 지키는 빨간 내복의 초능력자란 말이야!"

나는 있는 힘을 다해 비명을 질렀다. 그때 번쩍 눈이 떠졌다. 주변을 둘러봤다. 나는 여전히 감옥에 갇혀 있었다. 꿈을 꾼 것이었다.

열다섯 번째 사건

빨간내복, 또 다른 나를 만나다

"이금도 양반, 그 많은 돈을 어디에다 숨겼소?"

시간만 나면 용궁선녀와 사냥꾼 아저씨가 내게 물었다. 나는 잠시도 편하게 있을 수가 없었다.

"지금 뭣들 하는 거요? 이금도 씨를 왜 괴롭히고 그래요?"

감옥 밖에 있던 교도관이 소리쳤다. 아저씨들은 끙, 소리를 내고는 자기 자리로 돌아가 누웠다. 나는 구석에 누워 죽은 척하는 애벌레처럼 꼼짝 하지 않았다.

내 옷소매 사이로 빨간 내복이 보였다. 추운 날이었지만, 빨간 내복 덕분에 따뜻했다.

'언제쯤 잃어버린 초능력을 되찾고, 빨간 내복을 입고 멋지게 변신할 수 있을까?'

내가 불꽃을 튀기는 정도의 간단한 초능력만 보일 수 있어

도 아무도 나를 함부로 대할 수 없을 것 같았다. 초등학생인 내 모습이 은행털이범으로 바뀌었다는 말도 믿어 줄 것 같았다. 그런 생각이 들자 별똥별이 더욱 간절해졌다.

"어서 일어나세요. 기상! 기상!"

철창을 두드리는 소리에 나는 눈을 떴다. 잠을 잔 것인지 꿈을 꾼 것인지 알 수 없는 밤이 지나고 아침이 왔다. 다른 사람들과 함께 세면실로 갔다.

"악!"

거울 속의 나를 보고 나는 비명을 질렀다. 거울 속에서 낯선 아저씨가 멍한 눈길로 나를 바라봤다. 시커멓게 돋은 수염, 반달 모양의 눈썹, 두툼한 입술, 뾰족한 코······. 나는 내 얼굴을 더듬었다.

"자기 얼굴 보고 무서워서 놀라는 사람은 처음 보겠네."

하얀 거품을 문 채 양치질을 하며 사냥꾼 아저씨가 말했다.

"나는 이 사람이 자꾸 무서워져요. 내가 별의별 사람을 다 만나 봤지만, 이런 귀신 들린 사람은 처음 봐요. 우리 꼭 같은 방에 있어야 해요?"

용궁선녀 아저씨는 나를 보면서 소름이 끼친다는 표정을 지었다.

나는 원래 오른손잡이였다. 그런데 이상하게 왼손이 더 사

용하기 편했다. 내가 왼손잡이가 된 것이다. 끔찍한 것은, 턱수염이 너무 빨리 자란다는 것이었다. 면도를 할 줄 모르는데, 어떻게 해야 할지 몰랐다. 그런데 턱수염보다 더욱 끔찍한 게 있다. 그것은 고추에 난 털이었다! 나는 오줌을 눌 때마다 송충이를 보는 듯 징그러웠다.

아침밥을 먹고 있을 때 감옥 밖으로 누군가 들어왔다.

"아, 말구 할아버지 오셨어요? 저기 있는 텔레비전이 가끔 깜박거려서요. 손 좀 봐 주셨으면 해요."

공구함을 든 할아버지는 의자를 놓고 벽에 걸린 텔레비전을 살펴봤다. 아마도 제품 수리를 하는 기사인 모양이었다.

"쯧쯧, 고장이 제대로 났네. 부품을 갈아야겠는데? 부품 갈 거요? 버릴 거요? 아님, 말구."

할아버지가 말했다.

"고쳐만 주신다면 저희야 고맙지요. 새 것 살 돈이 없어요. 수리비는 얼마나 들까요?"

교도관들이 할아버지에게 친절하게 대답했다.

"난 자원봉사자요. 수리비는 공짜! 부품 값만 내시오. 아님, 말구."

"부품 값이야 얼마든지 드려야지요. 할아버지 덕분에 저희가 얼마나 편한지 몰라요. 지난번에 냉장고도 고쳐 주시고, 에어컨도 고쳐 주셨잖아요."

"뭐 버리는 물건 있으면 저를 주면 됩니다. 저는 그런 것들이면 충분하니까요."

"CCTV랑 무전기가 완전히 고장 난 게 있으니까 오늘 가져가세요."

교도관의 말에 할아버지는 씨익 웃고는 손을 탁탁 쳤다.

"다 됐소. 케이블과 연결하는 부품만 교체하는 거라 간단했소."

"와, 잘 나온다! 역시 말구 할아버지 솜씨는 최고예요."

할아버지가 벽에서 고장 난 CCTV를 철거하는 동안, 교도관들이 이런저런 얘기를 주고받았다.

"앞으로 은행 털릴 일은 없겠지. 그동안 비상이 걸릴 때마다 얼마나 고생했는지 몰라."

"밤새워서 보초 선 게 하루 이틀이었어야지."

나는 마음속으로 '진짜 은행털이범은 거리를 자유롭게 돌아다니고 있어요!' 하고 소리치고 싶었다. 하지만 목소리는 나오지 않고 눈물만 터졌다.

"어이, 이금도 양반, 왜 또 울고 그러세요? 잡혀 온 게 그렇게 억울하세요?"

교도관이 내게 물었다. 나는 고개를 저었다.

"그게 아니라요. 우리 가족이 걱정돼서요. 위험해지거나 불행해질 것 같아서요."

"별 걱정을 다 하시네요. 본인 걱정이나 하세요."

나는 정말이지 은행털이범이 우리 가족에게 무슨 짓을 할지 몰라 걱정이 됐다. 어쨌거나 내가 은행털이범을 잡는 데 중요한 역할을 했기 때문이다.

'은행털이범이 우리 가족에게 보복은 하지 않을까? 영화를 보니까 그런 악당들도 많던데…….'

그때 할아버지가 철창 앞으로 다가오더니 나를 가만히 바라봤다. 너무 뚫어지게 바라봐서 나는 눈을 마주 볼 수 없어 고개를 숙였다.

"이 기계가 고장이 났나?"

할아버지는 머리에 쓴 장치를 탁탁 두드렸다. 나는 그제야

할아버지를 알아봤다. 그 할아버지는 우리 동네에서 재활용품을 줍던 무서운 할아버지였다.

'앗, 저 할아버지는 닥터 S! 내게 명함을 준 그 할아버지잖아. 〈닥터 S의 사이보그 연구소〉라고 적혀 있었는데!'

그러나 할아버지가 나를 알아볼 리가 없었다. 내 모습은 지금 할아버지를 만난 적이 있는 나유식이 아니라, 은행털이범 이금도였기 때문이다.

할아버지는 손가락으로 나를 가리켰다. 그 손은 철로 만들어진 가짜 손이었는데, 다섯 개의 손가락이 정교하게 만들어져 마치 사람의 손처럼 자연스럽게 움직였다.

"왜 이런 소리가 들리지? 어디가 고장이 난 거야?"

할아버지는 그렇게 중얼거리며 머리에 쓴 장치를 다시 벗어 버튼을 돌리고 조절했다. 그러다가 다시 눈을 휘둥그레 뜨면서 나를 바라봤다.

"고장이 아니잖아! 너는…… 아이가 분명한 것 같은데…… 지난번에 만난 텔레파시 아이 같은데? 겉모습은 전혀 다르다니, 이게 어떻게 된 일이지?"

할아버지가 머리에 쓴 특수 장치는 텔레파시로 사람의 마음을 읽어 내는 기계인 것이 분명했다. 지난번에 만났을 때도 내 머릿속의 생각을 읽어 냈기 때문이다.

하지만 나는 말을 할 수가 없었다. 옆에서 밥을 먹으며 의심쩍은 눈초리로 나를 감시하는 아저씨들과 교도관들이 한두 명이 아니었기 때문이다.

나는 생각을 집중해서 할아버지에게 텔레파시를 보냈다.

내게 별풍별이 없어서 제대로 전달될 수 있을지 몰랐다.

'할아버지, 저는 은행털이범 이금도가 아니에요. 저는 냉천초등학교 4학년 3반 나유식이에요. 별명은 너무식이고요."

"음…… 음……."

할아버지는 알아들었는지 모르겠지만, 고개는 끄덕였다. 나는 정신을 집중해서 계속 텔레파시를 보냈다.

'제가 은행털이범을 잡았는데, 어떻게 된 일인지 순식간에 제 모습이 은행털이범으로 바뀌었어요. 제게는 초능력이 있

어요. 그런데 지금 별똥별이 없어서 초능력을 할 수가 없어요. 제발 저를 도와주세요. 저는 누명을 벗고 자유를 찾아야 해요. 별똥별이 어디에 있냐 하면…….'

탁, 탁.

할아버지가 고개를 갸웃거리더니 머리에 쓴 장치를 손바닥으로 두드렸다.

"잘 안 들리네. 전기가 떨어졌나?"

"여기 있습니다. 무전기가 완전히 박살이 났어요. 버리려다

가 할아버지에게 드리면 좋을 것 같아서요."

교도관은 할아버지에게 부서진 부품들을 내밀었다.

"어이구, 감사합니다. 정말 귀한 부품들이네요. 감사히 쓰겠습니다."

할아버지는 교도관에게 인사를 하고 돌아섰다. 문을 열고 나가려다가 말고 나를 다시 힐끔 쳐다봤다. 나는 간절한 눈빛으로 할아버지에게 도와달라는 메시지를 계속 보냈다. 하지만 할아버지는 아무런 말도 하지 않았다.

다시 나는 원래대로 돌아왔다. 변한 건 하나도 없었다. 마지막 희망은 그렇게 사라졌다.

"앞으로 저는 어떻게 되나요?"

나는 아저씨들에게 물었다.

"재판을 받게 되겠지."

용궁선녀가 대답했다.

"그리고요?"

"사형을 당하지 않을까? 죄가 엄청 무겁잖아."

"그 정도는 아니겠지. 하지만 돈을 안 돌려주면 평생 감옥에서 썩게 될 거야. 세상 구경을 두 번 다시 못하게 될걸."

용궁선녀와 사냥꾼 아저씨가 겁을 줬다. 상상하는 것만으

로도 머리카락이 쭈뼛 섰다.

그런데 전혀 예상하지 못한 사람이 나를 찾아왔다.

"이금도 씨, 면회 신청입니다."

교도관은 철문을 열어 주며 말했다.

"면회라고요? 누구……?"

나는 교도관을 따라 면회실로 들어갔다. 유리창 너머로 두 사람이 앉아 있었다. 내가 그렇게 보고 싶어 하던 엄마와 아빠였다. 나는 눈물이 펑펑 쏟아지기 시작했다.

"엄마, 아빠, 보고 싶었어요. 왜 이제야 오셨어요?"

"네? 왜 이러세요?"

"절 모르시겠어요? 자세히 보세요. 유식이에요! 엄마 아들 유식이라고요!"

나는 유리창을 두드리며 소리쳤다. 엄마와 아빠는 당황한 얼굴로 뒤로 물러섰다. 엄마의 눈빛에서는 두려움이 번졌고, 아빠의 눈빛은 경계심으로 가득 찼다.

난 그때 깨달았다. 내 얼굴은 나유식이 아니라, 은행털이범 이금도라는 걸. 이금도가 아들인 척 달려드니 두 분이 무서워하는 건 당연했다.

나는 눈물을 손등으로 훔치고는 간신히 울음을 삼켰다. 이럴 때일수록 침착해야 한다고 다짐했다. 엄마 아빠가 오셨다는 건 그래도 내게 중요한 일이 있기 때문이라고 판단했다. 엄마 아빠가 나를 구출해 줄지도 모른다는 실오라기 같은 희망을 품었다.

"죄송합니다. 제가 잠시 연극을 했습니다. 아들인 나유식 군이 사라져서 많이 당황하셨지요?"

"네? 우리 아들 이름이 나유식이란 건 어떻게 아셨나요?"

엄마의 눈빛에서 두려움은 사라질 줄 몰랐다.

"제가 나유식 군이 어디 있는 줄 압니다. 지금 안전한 곳에 있으니까 조금만 기다려 주시면 곧 집에 돌아갈 것입니다. 그러니까 너무 걱정 마시고요."

"그래서요?"

아빠가 날카롭게 눈을 치켜뜨면서 물었다.

"혹시 나유식 군의 방 서랍 안에 있는 작은 돌멩이를 저한테 갖다 주신다면, 나유식 군이 곧 집에 돌아갈 수 있게 하겠습니다."

내 말에 아빠가 허리에 손을 올리며 어이없어 했다.

"허허, 참. 이금도 씨, 당신 정말 나쁜 사람이군요."

"네? 제가 왜요? 아……빠?"

"아빠라니요? 우리 유식이를 지금 유괴한 척 꾸며 대고 있지 않습니까? 우리를 협박해서 금품을 갈취하려는 모양인데, 당신 지금 감옥에 잡힌 상태예요. 아직도 정신을 못 차린 겁니까?"

아빠는 얼굴이 벌겋게 달아오를 정도로 화를 냈다. 나는 당황해서 두 손을 마구 흔들었다.

"아…… 아닙니다. 오해입니다. 저는 누명을 쓰고 있습니다. 저는 절대 나유식 군에게 나쁜 짓을 할 사람이 아닙니다. 저는 오히려 나유식 군 편입니다."

"그만하세요! 오늘 왜 면회를 오자고 했는지 모르겠네요.

 눈곱만큼도 반성하지 않는 당신 같은 위험한 도둑은 감옥에서 영영 나오지 않는 게 좋겠어요."

 엄마는 눈이 충혈이 될 만큼 흥분했다.

 "그런데 왜 빨리 안 들어오지? 이런 사람 얼굴 볼 필요도 없잖아. 그냥 돌아가자고."

 아빠가 문을 바라보며 중얼거렸다. 문이 덜컹 열리면서 누군가 면회실로 들어왔다. 그 사람은 바로 나였다!

 "유식아, 왜 이런 사람을 면회 오자고 했어?"

 나는, 아니 내 모습을 한 또 다른 나는 한 걸음 두 걸음 걸어와 엄마와 아빠 사이에 앉았다.

 "넌 정체가 뭐야?"

나는 유리창을 마구 두드리며 소리를 질렀다.

"엄청나게 난폭한 사람이네. 유식아, 괜찮아?"

엄마 아빠는 또 다른 나를 몸으로 감싸 보호했다. 그 모습이 나를 더욱 화나게 만들었다.

"괜찮아요. 제가 잡았는데요, 뭐. 하나도 안 무서워요."

또 다른 나는 오히려 나를 똑바로 바라봤다.

"정체가 뭐야? 이봐, 가짜 나유식. 왜 내 흉내를 내고 있는 거지? 무슨 짓을 한 거야? 우리 가족을 어떻게 가로챈 거지?"

내 말에 또 다른 나는 대답을 하는 대신 아빠에게 눈길을 돌렸다.

"아빠, 이 은행털이범 아저씨가 아무래도 정신이 이상해졌나 봐요. 정신 치료를 받는 게 좋을 것 같아요."

"하긴 제정신으로 은행을 털 사람은 없지. 쯧쯧. 우리 유식이가 걱정을 해서 찾아와 줬는데, 고맙다고는 못할망정 유식이한테 행패를 부리네."

엄마는 나를 벌레 보듯 더러운 눈길로 보면서 혀를 찼다. 나는 억울하고 분통이 터져서 뜨거운 눈물만 계속 흘렸다.

또 다른 나는 이따금 습관처럼 자신의 목걸이를 만지작거렸다. 그 목걸이에는 돌멩이가 매달려 있었다. 내 별똥별과 비슷하게 생기긴 했지만, 내 것보다 훨씬 컸다. 엄지손톱 크기만큼이나 됐다.

　더 이상한 점은, 또 다른 나는 왼손잡이처럼 보였다는 것이다. 나는 원래 오른손잡이인데 또 다른 나는 오른손이 아니라 왼손을 더 많이, 그리고 더 편하게 사용했다.

　"이제 그만 돌아가자. 말이 안 통하는 사람이야."

　아빠가 또 다른 나를 잡아끌었다. 또 다른 나는 말 잘 듣는 착한 아이처럼 공손하게 자리에서 일어나 엄마 아빠를 따라

나섰다.

"엄마, 아빠! 가지 마세요! 제발요!"

나는 간절하게 소리쳤지만, 엄마 아빠는 들은 척도 하지 않았다.

"엄마, 아빠, 저는 원래 오른손잡이예요! 그런데 저 가짜는 왼손잡이라고요! 제 말을 믿어 주세요!"

엄마와 아빠가 그 자리에 멈췄다. 엄마와 아빠는 서로 눈을 마주치더니 고개를 살짝 갸웃거렸다. 그러고는 또 다른 나를 바라봤다. 또 다른 나는 아무 일도 아니라는 듯 어깨를 으쓱거렸다. 엄마 아빠는 또 다른 나의 어깨를 두드려 주고는 문밖으로 나가 버렸다.

문이 막 닫히려는 순간, 또 다른 내가 문틈으로 머리를 내밀었다. 그러고는 혀를 날름 내밀면서 약을 올렸다.

"마지막까지 애를 쓰네. 다 헛수고지만. 그런데 혹시 이게 필요하지 않아?"

또 다른 나의 손에는 작은 돌멩이가 들려 있었다. 그것은 분명 나의 별똥별, 초능력을 되찾게 해 줄 나의 별똥별이었다!

"크흐흐! 이깟 게 뭐라고."

또 다른 나는 비웃으며 사라졌다. 쾅, 하고 문 닫히는 소리

는 내가 지옥으로 떨어지는 소리 같았다.

　나는 있는 힘을 다해 소리를 지르고 싶었다.

　"나는 용기를 잃지 않겠어! 절대로! 당신의 정체를 밝히고, 정의의 이름으로 심판하겠어!"

　하지만 내 목소리는 입 밖으로 나오지 않고 입 안에서만 맴돌았다. 나는 여전히 무서웠던 것이다.

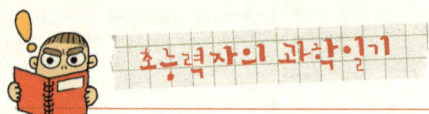

왼손잡이에 대한 비밀 밝히기

사람은 왜 왼손잡이보다 오른손잡이가 더 많을까?

사람 가운데 열 명 중 아홉 명은 오른손잡이다. 오른손을 바른손이라고 부를 정도로, 왼손을 천하게 여기는 문화가 아직 남아 있다. 영어로 오른쪽은 'right.' 올바르다는 뜻이 있는 걸 보면 서양에서도 오른손잡이를 합리적이며 올바르다고 판단한다는 걸 알 수 있다. 그래서 어렸을 때 왼손으로 밥을 먹으면 어른들이 꾸중을 해서 오른손잡이가 되라고 하는 것이다.

오른손잡이와 왼손잡이가 생기는 이유는 뇌 때문이다. 뇌가 발달하는 부위가 다르기 때문에 생긴다고 한다. 그러나 그 이상은 아무도 알지 못한다. 아직 뇌에 대해서 과학자들이 풀지 못한 문제가 너무나 많다. 일란성 쌍둥이도 한 명은 오른손잡이, 다른 한 명은 왼손잡이인 경우가 많다.

왼손잡이들은 오른손잡이보다 IQ가 높을까?

왼손잡이가 오른손잡이보다 천재가 많다는 얘기도 있다. 알버트 아인슈타인, 레오나르도 다 빈치, 볼프강 아마데우스 모차르트, 토머스 에디슨, 헨리 포드, 나폴레옹 등이 왼손잡이다. 또 야구나 테니스, 복싱 등 스포츠 분야에서도 훌륭한 왼손잡이 선수들이 많다.

그러나 과학자들이 수많은 사람들을 조사해 본 결과, 왼손잡이와 오른손잡이의 지능 지수(IQ)는 조금도 차이가 없다는 것이 밝혀졌다. 스포츠 분야에서 왼손잡이가 많은 것은 왼손잡이가 유리한 경우가 많기 때문이다.

그런데 왼손잡이가 오른손잡이에 비해 장애나 사고를 당할 가능성이 높다는 것이 밝혀졌다. 그 이유는, 지능 지수의 차이 때문이 아니라, 왼손잡이에 대한 차별 때문이다. 가위나 드라이버 같은 사소한 도구부터 전쟁에서 사용되는 총이나 칼 같은 무기들도 오른손잡이를 위해 만들어졌기 때문에 왼손잡이에게는 불편할 수밖에 없어서 사고나 장애를 당하는 것이다.

괴물 투수 류현진. 일상생활에서는 오른손을 쓰고 타격도 오른손으로 하는데, 투구만 왼손으로 한다. 정말 괴물이다!

열여섯 번째 사건

문어 탈옥 사건

제자리에서 몸을 흔드는 커다란 귀의 코끼리가 떠올랐다. 나도 점점 코끼리처럼 머리가 이상해지는 것 같았다. 내가 정말 이금도가 아닌가 하는 생각이 들기 시작한 것이다. 진짜 나유식은 엄마 아빠와 함께 잘 살고 있고, 나는 이금도인데 나유식이라고 착각하는 건 아닌가 하는 생각마저 들었다.

나는 점심도, 저녁도 먹지 않은 채 하염없이 창문만 바라봤다. 두려움과 경계심이 가득 찬 엄마와 아빠의 눈빛을 잊을 수가 없었다.

철창이 열리는 소리가 들리고, 교도관이 상자를 내밀었다.

"이금도 씨, 사랑의 음식을 보내 왔어요."

나보다 두 명의 아저씨가 먼저 달려갔다.

"이금도 씨에게 용기와 희망을 주기 위해 보낸 음식이에요."

"누가 보냈는데요?"

나는 혹시 부모님이 보낸 게 아닌가 하고 희망을 가졌다.

"누군지는 모르겠군. 절대 비밀로 해달라고 해서. 아참, 포장이 뜯어지고 음식이 조금 사라진 건 위험한 게 들어 있는지 검사하려고 그런 거니까 오해하지 마시길……."

교도관은 퉁명스럽게 말하고 문을 잠그고 돌아갔다. 나는 아저씨들과 함께 상자를 열어 봤다. 내가 좋아하는 초코빵과 과자가 잔뜩 들어 있었다.

"그렇잖아도 단 게 땡겼는데."

아저씨들은 나를 바라보며 먹어도 되냐는 눈빛을 보냈다. 내가 고개를 끄덕이자 아저씨들은 정신없이 삼키기 시작했다.

"아야!"

용궁선녀가 으드득 어금니를 씹었다.

"이게 뭐야? 이렇게 큰 돌멩이가! 에구, 불쌍한 내 이빨."

용궁선녀는 입 안에서 꺼낸 돌멩이를 집어던지려고 했다.

"잠시만요! 잠시만!"

나는 용궁선녀 아저씨의 손을 잡았다. 아저씨의 손에서 뺏은 그 돌멩이는 바로 별똥별이었다. 나는 내 눈을 의심했다. 내가 간절하게 찾던 초능력의 별똥별이 내 손으로 돌아왔기 때문이다.

'대체 어떻게 된 일이지? 누가 보낸 거지?'

손이 부들부들 떨리기 시작했다. 두 아저씨가 나를 미심쩍은 눈초리로 바라봐서 나는 얼른 돌멩이를 주머니에 넣었다.

"아무 데나 버리면 안 되지요. 꼭 쓰레기통에 버려야 해요."

"그렇지. 그렇고말고. 역시 늙은 초등학생은 착하단 말이야."

두 아저씨는 의심을 풀고 과자와 빵을 마구 먹기 시작했다.

"저는 입맛이 없네요. 마저 드세요."

나는 심장이 두근거리기 시작했다. 심장이 너무 심하게 뛰어 아저씨들이 내 심장 소리를 듣는 건 아닌지 걱정이 될 정도였다.

배부르게 먹은 아저씨들이 바닥에 누워 있을 때 나는 조심스럽게 콧구멍에 별똥별을 넣었다.

'먼저 전기를 일으키는 초능력부터 해 보자.'

두 손을 비비며 정신을 이마 한가운데로 집중시켰다. 그러나 손바닥에서는 아무런 반응이 일어나지 않았다. 전기는커녕 정전기도 없었다. 나는 불이 날 정도로 손바닥을 비벼 댔다. 하지만 닭똥 냄새만 심해졌다. 하지만 나는 희망을 버리지 않았다.

'아, 이건 아니야. 투명 인간이 되는 초능력을 해 보자. 탈옥을 하려면 투명 인간이 되는 게 더 좋아.'

나는 거울 앞에 서서 기합을 넣었다.

"얍, 이얍, 얏, 아핫, 으핫!"

손을 머리에 올리고, 다리를 휘두르고, 고개를 빙빙 돌리고, 엉덩이를 흔들며 내 손으로 내 엉덩이를 때렸다. 이쯤이면 충분하다 싶었다. 마음이 급했다. 나는 옷을 하나씩 벗고 아저씨들 앞에 섰다.

"제가 보이나요?"

"안 보여요."

사냥꾼 아저씨가 코를 파면서 대답했다.

"안 보여요? 으흐? 정말요?"

나는 신이 나서 혀를 내밀었다.

"이금도는 안 보이고, 미친 사람 한 명이 발가벗고 춤추는 게 보여요."

용궁선녀는 철창 밖의 교도관을 향해 소리쳤다.

"으으, 난 이금도 씨가 자꾸 무서워져요. 교도관님, 이금도 씨를 다른 방으로 옮겨 주세요. 무서워서 같이 있을 수가 없어요."

나는 창피하고 부끄러워 쥐구멍이라도 들어가고 싶었다. 화장실로 도망쳐서 꺽꺽 소리를 내며 울기 시작했다.

'아무것도 되지 않아! 아무것도! 되는 건 하나도 없어! 난 벌레 한 마리도 이길 수 없어!'

머릿속이 하얗게 변했다. 기억나는 게 하나도 없었다. 과학의 원리를 모르면 세상이 돌아가는 이치를 알 수 없다. 그래서 초능력이 발휘되지 않는 것이었다. 기억상실증에 걸린 환자처럼 내 머릿속의 과학 원리가 완전히 사라져 버렸다. 누군가 지우개로 지운 듯 내 뇌의 과학 지식들이 지워진 것이다. 사이언스 패밀리인 우리 가족이 가르쳐 준 지식은 연기처럼 흩어져 버렸다.

'너무 당황해서 그럴 거야. 차분해지자. 마음을 가다듬어서 기억 어딘가에 잠자고 있을 과학의 원리를 하나씩 떠올리자.'

나는 혼란스러운 마음을 다스리려고 애썼다. 화장실 구석에 놓인 쓰레기통 속에 초코빵 상자가 눈에 들어왔다. 초코빵 상자 속에서 글자 같은 게 보였다. 나는 얼른 초코빵 상자를 펼쳐 보았다.

'이건 뭐지?"

초코빵 상자에는 빼곡하게 그림과 글이 쓰여 있었다. 깨알

같은 글씨라서 쉽게 읽을 수도 없었다. 인체를 자세하게 그린 그림도 있었다. 순간 내 머릿속을 번개처럼 스치고 지나가는 생각이 있었다.

'누굴까? 나를 이 위기에서 구해 주려는 사람이? 별똥별에 대해 아는 사람은 딱 두 사람밖에 없는데? 말구 할아버지와 가짜 나유식. 설마 가짜 나유식이 나를 도와줄 리는 없고……..'

나는 상자에 쓰인 글을 읽어 내려가기 시작했다.

'공부해야 해. 공부하면 초능력이 생겨.'

나는 종이가 뚫어지도록 열심히 읽었다. 태어나서 이렇게 열심히 공부를 해 본 적은 처음이었다.

사람의 몸은 머리, 몸통(가슴과 배), 팔다리로 나눈다. 사람의 몸은 세포로 이뤄져 있다. 세포의 종류는 260가지나 된다. 이 세포들이 모이면 조직이 되고, 조직이 모이면 기관이 되며, 기관이 모여 몸을 이룬다.

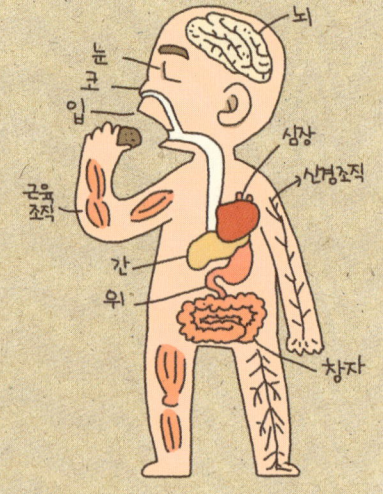

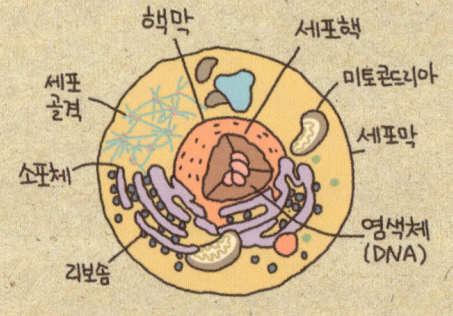

사람의 몸을 이루는 세포는 100,000,000,000,000개 즉 100조 개다. 세포는 눈에 보이지 않을 만큼 작다.

사람은 1초마다 5만 개의 세포가 늙어서 사라지고, 다시 5만 개의 세포가 새로 생긴다. 한 사람이 평생 동안 만들어 내는 세포는 1,300조 개가 넘는다. 이것은 사람으로 따지면 13명만큼의 세포다. 한 사람이 13명만큼의 세포를 만들어 내는 것이다.

사람의 몸에서 가장 큰 기관은 무엇일까? 바로 피부다. 피부는 사람의 몸을 보호해 주며, 무게가 평균 4킬로그램에 달한다. 피부는

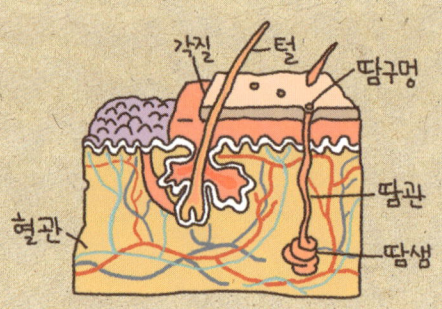

평균 1.2밀리미터로 아주 얇다. 가장 두꺼운 피부는 손바닥과 발바닥으로 6밀리미터이며, 가장 얇은 피부는 눈꺼풀로 0.5밀리미터에 불과하다.

사람의 몸에서 가장 단단한 기관은 무엇일까? 바로 뼈다. 뼈는 콘크리트보다 4배나 더 강하다. 그러면서 비행기를 만드는 탄소 섬유보다 가볍다. 특히 대퇴골(허벅지 뼈)은 책상 사이에 걸쳐 놓고 그 위로 사람이 21명이 올라서서 흔들어도 끄떡없을 정도로 강하다.

사람의 몸에는 뼈가 208개이다. 물론 모든 사람의 뼈의 개수가 다 똑같은 건 아니다. 이 뼈들의 절반 이상은 손과 팔, 다리와 발에 있다. 손과 팔에 60개, 다리와 발에 60개의 뼈가 있다. 특히 ……

한 글자 한 글자가 머릿속에 쏙쏙 들어왔다. 잃어버린 연결 고리들이 하나씩 제자리를 찾으면서 연결되는 것 같았다. 짜릿한 느낌이 오며 소름마저 돋았다.

"얼른 나오지 않고 뭐 하는 거요? 급하다니까."

화장실 밖에서 사냥꾼이 소리쳤다. 나는 아무 일도 없다는 듯 태연하게 화장실을 나왔다. 나는 벽에 등을 기대고 앉아 과자 상자를 열심히 읽으면서 중얼거리기 시작했다.

"또 이상한 짓 하네. 과자 상자로 공부하는 사람은 처음 보겠네. 무섭다, 무서워."

용궁선녀가 부르르 몸을 떨었다. 그렇거나 말거나 나는 공부에 집중했다.

공부가 그렇게 맛있을 줄이야! 초코빵보다 백 배는 더 맛있었다!

나는 인체의 과학에 맞춰 몸을 변신시키려고 했다. 사물의 이치를 깨달으면 그것이 곧 나의 뇌 구조를 바꿔서 내 몸 어딘가에 숨어 있는 초능력을 꺼내 준다.

'콘크리트보다 4배나 더 강한 뼈를 만들어 두꺼운 감옥의 벽을 부수고 도망칠까?'

하지만 내 계획은 곧 바뀌고 말았다. 주먹으로 벽을 두드려 봤지만, 내 손만 아플 뿐 흠집 하나 나지 않았다.

'발바닥의 피부가 가장 두껍다고 했지? 피부를 두껍게 만들어서 창살을 뚫고 나가 볼까?'

나는 정신을 집중해 피부를 변신시켰다. 그러자 별똥별의 에너지가 콧속으로 스며들었는지 피부가 점점 두꺼워지기 시작했다. 내 몸 전체는 발바닥처럼 두꺼워졌다.

"킁, 킁. 이게 무슨 냄새야?"

용궁선녀가 코를 벌름댔다.

"어디서 발 냄새가 나지 않아? 누가 발 안 씻었어?"

 온몸에서 발 냄새가 풍기기 시작했다. 더구나 난 눈을 뜰 수가 없었다. 눈꺼풀이 너무 두꺼워졌기 때문이다.
 '아, 이 방법도 아니야! 실패야, 실패!'
 난 얼른 원래대로 돌아왔다.
 '그렇지! 이번에는 얼굴을 내 원래 모습으로 변신시켜 보자.'
 하지만 이 방법도 실패였다. 피부가 바뀐다고 얼굴이 바뀌는 건 아니었다. 단지 물에 젖은 스펀지처럼 퉁퉁 부어오를 뿐이었다. 얼굴은 피부 밑의 뼈 모양이 바뀌어야 바뀌는 것이었다.
 '뭔가 다른 방법을 찾아야 하는데!'

나는 속이 타서 안절부절못했다. 두 아저씨가 잠이 든 사이에 나는 과자 상자를 펼쳐 놓고 공부를 더욱 완벽하게 하기 시작했다.

> 인간의 피부에는 에어컨이 숨어 있다. 피부의 온도가 높으면 낮춰 주고, 피부가 차가워지면 온도를 높여 준다. 피부의 온도를 조절하는 장치는 땀샘이다. 땀샘은 가로세로 1센티미터의 피부 안에 100개가 있으므로 사람에게는 엄청나게 많다.

이 글을 읽자 나는 온몸의 땀샘이 엄청나게 커지는 걸 느꼈다. 땀이 비 오듯 쏟아졌다가 사라졌다.

> 어떤 사람의 피부는 희고, 어떤 사람의 피부는 검다. 이것은 피부 속에 있는 멜라닌 세포 때문이다. 아프리카처럼 햇볕이 뜨거운 지역에 사는 사람들은 검은색 멜라닌 세포가 많다. 검은색 멜라닌 세포가 햇볕을 막아 피부를 보호해 준다. 유럽처럼 햇볕이 약한 지역에 사는 사람들은 멜라닌 세포가 적다. 그래서 피부가 흰 것이다.

이 글을 읽자 내 몸은 백인처럼 하얗게 됐다가 흑인처럼 까

많게 변했다가 다시 원래대로 돌아왔다. 카멜레온이 된 기분이 들었다.

공포 영화를 보면 왜 닭살이 돋을까? 닭살이 돋는 건 피부의 온도가 갑자기 내려가며 추위를 느끼기 때문이다. 피부에는 털이 돋아 있다. 온도가 갑자기 낮아지면 털 밑에 있는 근육이 갑자기 오그라든다. 그러면서 피부에 오톨도톨한 것이 생기고, 털이 바짝 서게 된다. 피부의 온도를 더 떨어지지 않게 하려는 것이다. 공포 영화를 보고 무서움을 느끼면 피부의 온도가 갑자기 떨어지고, 그래서 소름이 끼치는 것이다. 이 소름을 닭살이라고 한다.

이것을 보자 온몸에 닭살이 돋으면서 내 머리카락과 온몸의 털이 바짝 섰다. 나는 마치 침팬지가 된 기분이 들었다.

그런데 이상하게도 손바닥과 발바닥에는 닭살이 생기지 않았다. 내가 궁금해 하면서 과자 상자의 날개를 펼치자, 거기에 호기심의 답이 적혀 있었다.

손바닥과 발바닥에 닭살이 생기지 않는 이유는 단 하나. 털이 없기 때문이다. 닭살은 털이 있는 곳에서만 생긴다. 닭살은 털 밑의 근육이 오그라들어야 생기기 때문이다.

하나씩 피부의 비밀을 깨닫게 되면서 내 피부는 별의별 모양으로 계속 변했다. 두 아저씨가 이런 내 모습을 보면 놀라서 기절을 할지도 모른다. 다행히 두 아저씨는 사이좋게 다리를 서로 걸친 채 코를 골며 깊은 잠에 빠져 있었다. 마지막 과자 상자의 날개를 펼쳤다.

> 남자에게는 왜 젖꼭지가 있을까? 남자는 아기에게 젖을 주지 않는데 왜 젖꼭지가 생긴 것일까? 남자의 젖꼭지는 어떤 기능을 할까? 남자의 젖꼭지는 여자의 젖꼭지와……

과자 상자는 여기에서 찢어져 있었다. 안타까웠다. 나도 정말 궁금했던 점이었지만, 찢어진 나머지 과자 상자는 이미 사라지고 없었다. 내 젖꼭지도 꿈틀하고는 여자로 변신하려다가 원래대로 돌아갔다. 젖꼭지가 실망한 게 분명했다.

다음 날 아침까지 나는 제대로 된 초능력을 펼치지 못했다. 이 정도의 과학 원리만으로는 탈옥을 하기에 부족한 모양이었다. 어떻게 해야 좋을지 몰랐다. 나는 지칠 대로 지쳐서 물에 젖은 수건처럼 축 처져 있었다.

창문 앞에 이파리 하나가 떨어져 있었다. 내가 이파리를 만

지려고 하자 이파리는 도망을 가기 시작했다. 알고 보니 곤충이었다. 변신술이 감쪽같았다. 그런데 조금 후 변신술에 숨겨진 과학에 대해 알게 됐다.

"오늘 아침 메뉴는 뭘까?"

사냥꾼이 입맛을 다시면서 물었다.

"감옥에 먹으러 들어왔어요? 웬 먹을 것 타령."

용궁선녀가 퉁명스럽게 대꾸했다.

"아, 문어가 먹고 싶네. 내가 문어를 참 사랑하지. 문어는 초능력자야. 피부의 초능력자, 변신의 초능력자."

사냥꾼은 문어를 상상하면서 벌써 입에 고인 침을 삼켰다. 내 귀가 번쩍 뜨였다.

"문어가 초능력자라고요?"

"그렇다니까. 내가 바다에 고래를 잡으러 갔다가 문어를 잡은 적이 있거든. 문어는 머리가 크잖아. 문어는 연체동물 중에서 머리가 제일 좋아. 가장 복잡한 뇌를 갖고 있지. 얼마나 영리한지 몰라. 만약 지구상의 척추동물과 무척추동물이 싸움을 한다면, 척추동물의 대장은 인간이, 무척추동물의 대장은 문어가 될 거야."

"그리고 또요?"

"문어의 별명은 바다의 카멜레온. 몸을 보호하기 위해 주변과 비슷한 색으로 변하지. 기분에 따라 색깔이 달라지기도 해. 바위 근처에 있으면 바위 색깔로, 모래 바닥을 지날 땐 황토색으로 주변 환경에 맞게 자신의 피부색을 바꾸지. 피부 근육을 이용해 자신을 산호초나 물고기, 바다뱀처럼 보이도록 흉내 내기도 해. 감쪽같다니까."

"또요, 또!"

"그런데 은행털이범이 왜 이렇게 궁금해 해? 내가 가르쳐 주면 돈 좀 나눠 줄 거야?"

"드릴게요. 다음에 제 저금통 털어서 드릴게요. 빨리 더 얘기해 주세요."

사냥꾼은 동물 전문가답게 문어에 대해 많이 알고 있었다.

"문어가 이렇게 변신을 잘하는 것은 문어의 피부 밑에 백색 소포라는 게 있기 때문이지. 문어의 피부에 있는 이 생체 물질은 반사판 같은 역할을 하지. 그래서 주위에서 온 빛을 그대로 반사시켜 문어의 피부색을 주변 환경과 같게 만드는 거야. 아 참, 문어를 왜 문어라고 부르는지 알아? 문어를 한자로 文魚라고 쓰거든. 옛날 우리 선조들은 먹이 없을 때 문어의 먹물로 붓글씨를 썼지. 그래서 문어라는 이름이 생긴 거야. 그리고 문어는 배가 고프면 자기 다리를 뜯어먹지."

"자기 다리를 먹는다는 말이에요?"

"그럼. 문어는 다리가 잘리면 새로 자라거든. 그래서 문어는 반 년 동안 갇혀 있어도 살 수 있어. 자기 다리를 먹으면서 버티니까. 또 적에게 잡아먹힐 위기가 오면 자신의 다리를 잘라 적에게 주고 도망쳐서 목숨을 구하지. 기가 막힌 생명이 바로 문어야. 아, 먹고 싶네. 쫄깃한 문어!"

"사냥꾼 아저씨는 동물을 정말 사랑하시는 것 같아요. 그런데 동물을 먹을 것으로 사랑해서 문제예요."

용궁선녀가 툴툴거렸다.

나는 온몸에 소름이 돋았다. 머리카락이 쭈뼛 섰고, 등줄기가 서늘해졌다.

'그렇다! 내 몸을 문어로 변신시키는 거야! 내 피부를 문어처럼! 내 뼈를 문어처럼! 나는 한 마리의 문어가 되어 자유롭게 감옥을 빠져나가는 거야!'

빠지직-. 전기가 오는 것처럼 찌릿찌릿했다. 내 뇌를 번개가 통과해서 지나가는 것 같았다. 이것은 바로 초능력이 완성되었다는 뜻이었다.

'이곳에서 탈출하기만 하면 앞으로 문어를 절대 먹지 않을 테다! 문어를 존경할 테다! 이순신 장군만큼 아인슈타인 박사님만큼 존경할 테다! 위대한 문어의 신이시여! 제게 당신의 변신 초능력을 내려 주소서!'

나의 등줄기를 타고 몸 전체로 바닷물을 뒤집어쓴 듯 차가

운 기운이 훑고 지나갔다. 문어의 신이 응답이라도 주신 걸까? 갑자기 내 몸이 미끈거리기 시작했다.

벽에 손을 대자 손이 벽의 색깔로 변했다. 어느 것이 벽이고, 어느 것이 손인지 알 수 없을 정도였다. 내 피부 밑에 문어의 백색소포라는 게 생긴 모양이었다. 피부의 색깔이 주변 색을 반사해서 주변 환경과 똑같이 변했다.

"으하하하! 으하하하! 됐어! 이제 됐어!"

나는 통쾌한 웃음을 터트렸다.

"아, 또 저래. 난 저 사람이 무서워요."

용궁선녀가 구석으로 도망갔다.

나는 화장실로 들어가서 문어로 변신하는 연습을 했다. 옷을 모두 벗고 온몸에 정신을 집중시켰다. 놀랍게도 피부색이 점점 바뀌었다. 머리카락부터 발가락 끝까지 주변 환경과 똑같이 변했다. 벽에 찰싹 붙어 벽처럼 변신하기도 하고, 몸을 웅크려서 항아리나 변기로 변신해 보기도 했다. 모든 게 완벽했다.

그런데 두 가지 문제가 있었다. 한 가지는 변신을 하긴 하지만, 오랜 시간 동안 모습을 바꿀 수는 없었다. 숨이 가빠 오고 힘이 너무 들었기 때문이다. 또 한 가지는 젖꼭지만 변신이 되지 않았다. 아마 남자의 젖꼭지는 왜 있는지 공부하지 못했기 때문일 것이다.

"그만 나와요. 급하다니까."

화장실 밖에서 용궁선녀가 문을 두드렸다. 나는 벽에 찰싹 달라붙어 변신을 했다. 용궁선녀는 참지 못하고 화장실 문을 열었다.

"어? 어디 갔지? 방금 여기 있었는데?"

용궁선녀가 어리둥절해서 주변을 두리번거렸다. 사냥꾼도 깜짝 놀라 소리쳤다.

"사라졌어! 은행털이범이 사라졌어!"

두 아저씨는 반쯤 정신이 나간 표정이었다. 용궁선녀가 정신을 차리고 얼른 교도관을 불렀다.

"이봐요. 여기 늙은 초등학생이라는 이금도가 사라졌어요!"

감옥을 들여다본 교도관의 눈이 주먹만큼 커졌다.

"비상! 비상! 은행털이범이 탈옥했다!"

삐오, 삐오, 삐오-.

붉은 등이 켜지고, 비상벨이 감옥 전체에 울렸다. 교도관들은 감옥을 수색했지만, 벽에 붙은 나를 알아보지 못했다.

"어떻게 나간 거지? 나갈 구멍이 전혀 없는데?"

나는 벽에 붙어서 조심조심 감옥 입구 쪽으로 다가갔다. 연체동물이라 몸 안에 뼈가 없고 부드러웠다. 나는 바닥에 찰싹 달라붙어 철창을 부드럽게 넘었다. 아무도 내가 움직이는 걸 눈치채지 못했다. 단지 교도관 한 명이 지나다가 나를 밟고 미끄러진 적은 있었지만, 교도관은 조금도 의심하지 못했다.

전등의 불빛이 너무 밝아서 발각될 것 같았다. 나는 입에 힘을 줘서 전등을 향해 침을 뱉었다. 그러자 먹물이 쏘아졌고, 주변은 다시 어두컴컴해졌다.

꾸물꾸물, 꾸물꾸물.

그 틈을 타 나는 문어의 빨판을 이용해 벽을 타고 올라갔다. 위기에 처하면 소화기나 쓰레기통으로 변신했다. 변신이 되지 않는 젖꼭지를 두 손으로 가리고 있어야 해서 힘이 조금 들었다.

감옥 밖으로 나가는 트럭이 보였다. 나는 트럭 위로 툭 떨어졌다. 트럭에는 음식물 쓰레기가 실려 있었다. 냄새는 고약했지만, 나는 기분 좋게 감옥을 빠져나왔다.

'엄마 아빠 그리워요! 이제 엄마 아빠를 보러 갈 수 있어요!'

마음속에서 용기와 희망이 솟구쳤다.

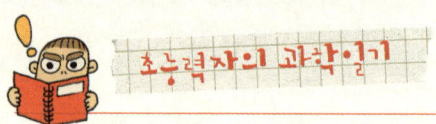

변신에 대한 비밀 밝히기

카멜레온은 어떻게 변신하는 걸까?

카멜레온은 몸 색깔을 주변과 비슷하게 만들어 마치 투명 인간처럼 눈에 잘 띄지 않게 한다. 카멜레온은 피부에 여러 종류의 색소 주머니를 가지고 있다. 색소 주머니를 색소포라고 하는데, 주위 환경에 따라 작아졌다 커졌다가 한다. 푸른색을 띠던 카멜레온이 노란 바탕으로 움직이면 푸른 색소포의 크기는 작아지고 노란 색소포가 커지면서 노란색으로 변하는 것이다.

카멜레온은 자신의 기분을 피부색으로 표현하기도 한다. 마음에 드는 상대를 만나면 빨간색으로 변한다. 서로 싸우고 나면 이긴 카멜레온은 밝은 색으로, 진 카멜레온은 어두운 색깔로 변한다.

문어는 몇 가지 모양으로 변신할 수 있을까?

문어는 카멜레온보다 훨씬 빨리 몸 색깔을 바꾸고, 바꿀 수 있는 색 종류도 훨씬 많다. 문어는 피부에 색소 주머니가 있는데, 근육과 연결돼 있다. 근육이 움츠러들면 색소 주머니가 커지면서 색깔이 변하게 되고, 근육이 늘어나면 색깔이 사라지는 것이다.

문어는 게, 바다뱀, 넙치, 불가사리, 야자열매 등 40여 가지 생물처럼 변신할 수 있다. 또한 문어는 사람처럼 두 다리로 걷기도 하는데, 다른 동물들이 문어로 보지 못하게 위장을 하는 것이다. 문어의 지능 지수는 강아지와 비슷한 것으로 알려져 있다.

예지력을 가진 문어 '파울'. 2010 남아공월드컵에서 최고의 화제로 떠오른 '점쟁이문어'. 축구를 하기 전에 누가 승리할지를 미리 예측해 100%의 적중률을 보였고, 스페인의 우승까지 점쳐 세상을 깜짝 놀라게 했다.

열일곱 번째 사건

말구 할아버지의 사이보그 연구소

"긴급 속보입니다. 오늘 오후 4시경 서울 구치소에 감금돼 있던 은행털이 용의자 이금도 씨가 탈옥했습니다. 이금도 씨는 지난 삼 개월 동안 전국 은행 일곱 곳을 감쪽같이 턴 대한민국 최대 은행 도난 사건의 용의자로 지목받았으며, 이틀 전에 긴급 체포되었습니다. 그러나 오늘 오후 4시쯤 갑자기 서울 구치소에서 사라졌습니다. 경찰은 아직 용의자가 어떻게 구치소를 빠져나갔는지 탈옥 방법조차 알아내지 못하는 등 우왕좌왕하는 모습입니다. 경찰은 구치소 부근 도로를 모두 통제하고 검문을 실시하는가 하면, 도로 부근의 CCTV를 확보해 용의자를 쫓고 있습니다."

나는 가게에 진열된 텔레비전을 통해 뉴스를 봤다. 텔레비전에는 이금도의 인상착의가 나타났다. 드문드문 돋은 수염,

반달 모양의 눈썹, 두툼한 입술, 뾰족한 코……. 정말 마음에 안 드는 얼굴이었다. 저 얼굴이 내 얼굴이라니!

"용의자를 목격하시는 시민 여러분께서는 서울경찰청 특수과 강력 1반 오금순 형사에게 연락 바랍니다. 현상금 천만 원. 신고 전화는 02-112-000X."

문어의 모습으로 거리를 돌아다닐 수는 없었다. 에너지를 너무 많이 쓰게 돼 숨이 가빠지고 다리가 후들거렸다. 나는 재활용품 박스를 뒤져 누군가 버린 오토바이 헬멧을 머리에 썼다.

'나를 잡으면 천만 원이라니! 날 잡으려고 이금도 전문 사냥꾼이 등장하겠네.'

나는 집으로 가기로 했다. 특별히 갈 곳이 없었기 때문이다. 나는 버스에 달라붙어 간신히 집에 도착했다.

슬금슬금, 톡톡톡, 살금살금, 두리번두리번…….

까치발을 하고 담 너머로 집 안의 풍경을 살폈다. 우리 가족은 식탁에 모두 모여 저녁 식사를 하는 중이었다. 하하, 호호 행복하고 즐거운 모습이었다. 엄마의 구수한 된장찌개 냄새가 풍겼다. 가짜 나유식이 진짜인 척하면서 내 자리에 앉아 밥을 먹고 있었다. 가짜 나유식이 무슨 말을 했는지 우리 가족은 손뼉을 치며 폭소를 터트렸다. 나는 속이 새카맣게 타들어 갔다.

'엄마 아빠는 왜 가짜인 줄도 모르는 걸까? 저놈의 정체는 과연 무엇일까? 어떻게 내 모습으로 변신한 거지?'

나는 분해서 주먹을 쥐고 부르르 떨었다.

담을 넘어 집으로 막 들어가려는 순간!

삐뽀삐뽀-.

경찰차의 사이렌 소리가 긴급하게 울려퍼졌다. 나는 얼른 어둠 속으로 몸을 숨겼다. 문어의 능력을 이용해 피부색을 담장과 똑같은 색깔로 바꾸었다.

'어떻게 경찰들이 내가 여기로 올 걸 알고 있었을까?'

나는 가슴이 철렁 내려앉았다. 경찰차는 한두 대가 아니었다.

어느새 경찰차들은 우리 집 주변에 몰려와 빨갛고 파란 비상등을 돌리며 동네를 환하게 밝혔다. 경찰차에서 재빨리 경찰들이 내리더니 순식간에 집 주변을 포위했다. 경찰들 사이로 아는 얼굴이 보였다.

'엇! 저분은 강력 1반 특수 형사 오금순 아저씨잖아.'

오금순 형사는 아무리 심각한 표정을 지어도 웃기게 보였다. 생김새가 개그맨이 더 어울릴 것 같았다. 오금순 형사는 확성기를 들고 경찰들에게 지시했다.

"대원들 주목! 이금도는 분명히 이쪽으로 온다. 나유식 군에게 보복하려고 탈옥한 게 분명하다. 감옥에서도 자신이 나유식이라면서 억울하게 누명을 썼다고 우겼다고 한다. 그런

걸 보면 나유식 군에게 이만저만 나쁜 감정을 갖고 있는 게 아니다. 대원들은 나유식 군과 가족을 안전하게 보호하고 철통같은 경비를 하도록 하라.”

나는 어이가 없었다. 경찰이 죄가 없는 나를 잡으려고 하고, 반대로 가짜 나유식을 보호해 주려고 하다니!

“범인이 정말 이쪽으로 올까요?”

경찰 중에서 한 명이 오금순 형사에게 물었다.

“분명해. 방금 전에 나유식 군이 전화로 신고를 했거든. 이곳에 나타날 거라고 말이야.”

“초등학생 말을 너무 믿으시는 게 아니에요? 이제 겨우 열한 살인데…….”

“유식 군의 말은 틀린 적이 없어. 이금도를 검거할 때에도 결정적인 역할을 했단 말이야. 보통 아이가 아니야. 어제는 겁도 없이 이금도를 면회 가서 만나고 왔더란 말이야.”

오금순 형사는 팔짱을 끼면서 대답했다.

“알겠습니다. 특수 무술을 하는 경찰 특공대 열 명을 보내 유식 군의 집을 에워싸게 했습니다. 개미 한 마리도 나유식 군 가까이 접근할 수 없을 겁니다.”

“철저해야 해. 조금이라도 빈틈을 보여서는 안 돼. 이금도는 보통 사람이 아니야. 유령이라고 불릴 정도로 사람 눈에 띄지 않고 사라졌다가 나타났다가 한단 말이지."

"명령대로 시행하겠습니다."

경찰은 경례를 올리고 우리 집으로 달려갔다.

오금순 형사는 턱을 매만지며 혼잣말을 중얼거렸다.

"내가 이럴 줄 알았어. 이금도는 일반 구치소에 가두면 안 된다니까. 절대 탈옥하지 못할 특수 감옥에 가둬야 한다고 그렇게 주장했는데, 내 말은 듣지를 않더니만……."

오금순 형사는 매서운 눈으로 주변을 둘러봤다. 나는 보호

색으로 변신한 채 더욱 벽에 바짝 붙어야만 했다. 이렇게 에너지를 쓰다가는 초능력은 몽땅 사라지고 내 몸은 원래 모습으로 돌아올 것 같았다. 빨리 어디론가 도망쳐야만 했다.

그때 내 앞에 걸레 뭉치 하나가 나타났다. 자세히 보니 털이 아주 길어서 눈까지 뒤덮은 털북숭이 개였다. 우리 동네를 떠도는 떠돌이 개인 것 같았다. 개는 보호색으로 변신한 내가 보이는 모양이었다. 개는 혀를 내밀고 나를 빤히 바라보며 꼬리를 흔들었다.

"저리 가! 쉭쉭, 저리 가란 말이야!"

나는 개에게 손짓을 했다. 하지만 개는 오히려 제자리를 돌며 짖기 시작했다.

멍멍멍, 멍멍멍.

오금순 형사가 수상함을 느꼈는지 내 쪽으로 다가왔다. 나는 얼른 길거리에 버려진 플라스틱 통으로 변신했다.

"뭔가 있는 것 같았는데……."

오금순 형사는 주변을 두리번거렸다. 그런데 털북숭이 개는 킁킁 냄새를 맡더니 내 몸을 핥기 시작했다. 개는 하필이면 변신하지 못한 내 젖꼭지를 핥았다.

"이상하네. 젖꼭지가 달린 플라스틱 통은 처음 보는걸."

　오금순 형사는 고개를 갸우뚱거리고는 지나쳤다. 그 순간, 난 도저히 간지러움을 참을 수 없어서 벌떡 일어났다.

　"으헤헤헤, 하지 말란 말이야! 하지 마! 헤헤헤헤!"

　나는 바닥을 뒹굴었다.

　"앗, 이금도다! 이금도가 저기 숨어 있다! 잡아라! 천만 원을 잡아라!"

　오금순 형사가 있는 힘을 다해 달려왔다. 나도 있는 힘을 다해 골목으로 도망쳤다. 경찰 특공대원들도 쫓아왔다. 털북숭이 개도 왕왕왕 짖으면서 나를 따라왔다. 아마도 '문어야, 어디 가, 나 좀 먹자.' 하는 소리인 것 같았다.

　우리 집에서 문 소리가 나고 우리 가족이 내다봤다.

　"무슨 일이오?"

'아, 엄마! 아빠! 누나!'

멀리서나마 가족을 볼 수 있었다. 얼른 달려가 엄마 아빠의 품에 안기고 싶었지만, 그럴 수 없어서 마음이 아팠다.

헉헉헉, 헉헉, 헉헉.

나는 가쁜 숨을 몰아쉬며 골목길로 도망쳤다. 그런데 하필이면 막다른 골목이었다. 삐뽀삐뽀, 경찰차 소리가 울려 퍼지며, 경찰 특공대의 발소리가 가까워졌다. 이제는 에너지가 부족해 변신을 할 수도 없었다.

'이대로 끝이구나. 아! 숨을 쉴 힘도 없어!'

나는 다리가 후들거리며 온몸이 땀으로 젖었다. 나는 두 다리가 풀려 그만 주저앉아 버렸다. 다시 잡혀갈 생각을 하니 하늘이 무너지는 것만 같았다.

'이제 또 잡혀가면 다시는 세상 구경을 못할지도 몰라. 절대 탈출할 수 없는 특수 감옥으로 보내지겠지.'

그때 벽 위쪽에서 뭔가 내려왔다. 그것은 줄 사다리였다.

"어서 올라와! 힘을 내! 아님, 말구!"

누군가 건물 위에서 소리쳤다. 나는 있는 힘을 다해 사다리를 타고 올라갔다. 건물 안에서 누군가 내게 손을 내밀었다. 그런데 그 손은 사람 손이 아니라 로봇 손이었다. 손은 아주 차

가왔다.

"누…… 누구세요?"

나는 어둠 속에 서 있는 그를 바라봤다. 그 사람은 바로 말구 할아버지였다. 감옥에서 내게 텔레파시를 보내던 할아버지, 한쪽 손이 강철로 된 바로 그 할아버지였다.

"휴, 휴허가 찾았나 보네. 어서 따라와."

할아버지는 비상구를 통해 옆 건물로 건너간 후 1층으로 내려갔다. 거기에는 할아버지의 작고 낡은 트럭이 있었다. 나는 트럭의 짐칸에 숨었다. 그런데 짐칸에 있던 걸레 뭉치에서 혓바닥이 나오더니 나를 핥았다. 아까 그 털북숭이 개였다.

"이 똥개가 여기까지 따라왔네!"

"휴허라고 불러라. 휴허 덕분에 너를 찾았어."

할아버지가 자동차를 운전하며 말했다. 경찰차의 사이렌 소리가 점점 멀어졌다. 할아버지의 트럭은 무사히 경찰들의 포위망을 빠져나왔다.

"다 왔다. 내려라. 아님, 말구."

나는 짐칸에서 고개를 들었다. 간판에 〈사이보그 고물상〉이라는 글씨가 보였다.

"여기는 할아버지 집이세요?"

"남들은 고물상이라 부르고, 나는 연구소라고 부르지."

나는 할아버지를 따라 건물 안으로 들어갔다.

"아주 안전하게 머무를 수 있는 곳이 있어. 나를 따라와."

할아버지가 책장을 밀자 전혀 다른 방이 드러났다. 철문을 열자 계단이 나타났다. 나는 할아버지를 따라 계단 밑 지하실로 내려갔다. 전등을 켜자 벽을 가득 채운 전자 장비들과 책들, 컴퓨터 등이 보였다. 인체 모양의 뼈와 인체 구조도 등도 붙어 있었다. 정말 사이보그 연구소 같았다.

내 다리 밑으로 털북숭이 개가 앉았다.

"이 걸레 뭉치 개는 정말 마음에 안 들어요. 이 개 때문에 제가 잡힐 뻔했다고요."

"이름은 휴허야. 걸레는 휴허가 가장 싫어하는 말이니까 조심해라."

"할아버지가 키우는 개였어요?"

"키우는 건 아니고 우리 집에 함께 머무는 거지. 휴허는 자유로운 개거든. 저래 봬도 우리나라 토종 삽살개다. 하는 짓을 보면 순종은 아닌 것 같지만······."

휴허는 혀를 내밀고 나를 가만히 바라보더니 킁킁거렸다.

"휴허가 너한테서 문어 냄새가 난다고 하는구나."

"제발 날 뜯어먹으려고 하지 마."

휴허를 쓰다듬어 주는데 휴허의 머리에 끔찍한 수술 자국이 보였다.

"교통사고가 나서 죽을 뻔한 걸 내가 수술해서 간신히 살렸지. 휴허는 보통 개가 아니란다. 사람과 대화할 수 있는 아주 특별한 개야."

"제가 보기에는 문어를 좋아하는 멍청한 개로 보이는데요?"

"차차 알게 될 거야. 아님, 말구."

"아참, 할아버지. 감사 인사를 안 드렸네요. 저를 구해 주셔서 감사합니다. 감옥에 별똥별과 인체 과학에 대한 글을 보내 주신 것도 감사드려요."

"무슨 소리야? 별똥별이라니?"

할아버지가 얼떨떨한 표정을 지었다.

"초코빵에 넣어서 감옥으로 보내 주셨잖아요."

"난 그런 적이 없어. 나는 단지 건물 위에서 환풍기를 고치고 있다가 네가 보여서 구조했을 뿐이야. 뭔가 억울한 사연이 있는 것 같아서……."

나는 할아버지보다 더 얼떨떨해졌다. 그렇다면 대체 누가

나를 감옥에서 탈출하도록 도와준 걸까?

"코딱지가 엄청 크구나. 답답하지 않아?"

할아버지가 내 콧구멍을 가리키며 물었다.

"아, 이건 코딱지가 아니라 별똥별이에요."

나는 할아버지에게 별똥별을 꺼내 보여 드렸다. 할아버지는 현미경으로 별똥별을 살펴봤다.

"진짜 별똥별인가 보구나. 크기만 작을 뿐이지 진짜 유성과 모습이나 성분이 똑같아."

"이 별똥별은 저를 초능력자로 만들어 줘요. 그것 때문에 지금은 누명을 써서 제 몸을 잃어버렸지만……."

할아버지는 내 눈동자를 가만히 바라봤다.

"할아버지는 제가 안 무서우세요? 저는 진짜 은행털이범일지도 몰라요."

"나는 네가 이금도가 아닌 줄은 알아. 처음에 감옥에 갔을 때 이상한 목소리가 내 텔레파시 머신에 잡히더군. 처음에는 텔레파시 머신이 고장 난 줄 알았지. 그런데 점점 더 네 목소리가 선명하게 들리더군. 그건 지난번에 만난 그 꼬마의 목소리였어. 어떻게 꼬마가 은행털이범의 몸을 갖게 됐는지는 아직까지 모르겠지만……."

나는 할아버지가 겉모습을 보는 게 아니라 사람의 마음을 보실 줄 안다는 걸 알게 됐다. 할아버지에게 모든 것을 털어놓아도 믿어 줄 것 같았다.

"저는 초능력자예요."

"초능력자라고?"

"그러니까…… 제게 초능력이 있기는 한데, 초능력을 발휘하고 싶을 때 마음대로 초능력이 나오지는 않아요. 이를테면 강력한 파워를 내야 하는데 전기가 튄다든가, 투시력이 생겨야 하는데 텔레비전 리모컨처럼 채널이 돌아간다든가……."

"아하, 그래서 텔레파시 머신에 잡혔다가 말았다가 했던 거

였군."

나는 할아버지에게 지금까지 있었던 일을 하나씩 꺼내 놓았다. 부모님 얘기를 할 때에는 나도 모르게 눈물이 주룩주룩 흘렀다. 내 얘기를 다 들은 할아버지가 놀랄 줄 알았는데, 그냥 고개를 끄덕일 뿐이었다. 알고 보니 할아버지는 졸고 있었다.

"할아버지! 어떻게 텔레파시 같은 초능력을 가질 수 있는 건가요?"

"앗, 깜짝이야. 초능력? 하하핫, 나는 그런 것 없다. 내 모습을 보여 주마. 안 보면, 말구."

할아버지는 웃통과 바지를 벗었다. 양쪽 다리와 왼손이 기계로 만들어져 있었다.

"내 몸의 일부분은 로봇이야. 말하자면 사이보그란다. 가끔 고장이 나서 새로 부품을 끼워 줘야 하는 불편함은 있지만 말이야. 하하핫!"

할아버지는 소파에 앉아 차를 마셨다.

"나는 원래 로봇 과학자였지. 그런데 가족과 함께 차를 타고 가다가 교통사고가 나고 말았어. 우리 가족은 모두 죽고, 나 혼자 살아남았지만, 내 몸은 장애를 갖게 됐어. 나는 정신병마저 앓게 됐고, 아무도 나를 연구원으로 받아들여 주지 않더군.

결국 나는 내 몸을 사이보그로 이렇게 바꾸게 됐지."

"설마 뇌도 로봇은 아니겠지요? 하하핫!"

나의 농담에 할아버지는 웃지 않았다.

"인간의 뇌는 참으로 놀랍고 신비롭지. 아직 인간은 뇌에 대해 모르는 게 너무 많아. 뇌는 몸무게의 2퍼센트에 불과하지만, 뇌가 사용하는 요소는 열 배나 많아. 우리가 숨 쉬는 공기의 20퍼센트, 먹는 음식의 20퍼센트, 전체 혈액의 15퍼센트를 뇌가 사용하니까."

할아버지는 과학자답게 인체에 대해 막힘 없이 줄줄 말했다. 내 콧구멍 속의 별똥별에서 전기가 오듯 짜릿한 느낌이 등줄기를 타고 흘렀다. 그것은 과학의 원리를 깨우치면서 초능력으로 바뀌는 과정이었다.

"할아버지, 남자에게 젖꼭지는 왜 있는 걸까요? 지금 젖꼭지에 대한 비밀을 몰라 변신을 할 때마다 젖꼭지가 남아요."

"여자뿐만 아니라 남자도 기능적으로는 완전한 가슴을 가졌지. 남자의 젖꼭지는 여자와 비슷해. 하지만 남자의 가슴은 여성 호르몬인 에스트로겐이 충분하지 않아서 젖이 나오지 못하는 거야."

"그렇다면 여성 호르몬인 에스트로겐이 남자에게 많아지면 여자가 되나요?"

"남자의 가슴이 점점 커져서 여자의 가슴처럼 변하지. 술을 많이 먹는 알코올 중독자들에게 그런 증상이 나타나."

"오우, 끔찍하네요!"

난 내 두 볼을 문질렀다.

"남자의 가슴은 심장과 폐를 보호하는 역할을 하지. 그래서 쿠션이 있는 거야."

할아버지의 설명을 듣자마자 내 젖꼭지가 부르르 떨었다. 부족했던 과학 원리를 흡수했다는 신호 같았다.

"할아버지, 저는 제 모습을 원래대로 바꾸고 싶어요. 그러려면 무엇부터 알아야 할까요?"

"뼈가 아닐까? 뼈가 인간의 몸을 만드는 역할을 하니까. 머리뼈는 얼굴 모양을 만들거든."

할아버지는 한쪽에 세워진 사람 뼈 그림을 가리켰다.

"키가 큰 사람은 뼈가 많은가요? 저는 키가 많이 커졌어요."

"키가 크다고 뼈의 개수가 많은 건 아니야. 뼈가 길기 때문에 키가 큰 거야. 몸집이 크다는 건 그만큼 뼈가 큰 거지 뼈가 많은 게 아니란 얘기야. 사람의 키는 대개 다리뼈의 길이가 결정하지. 사람에게 뼈의 개수는 조금씩 다를 수 있어. 어떤 사람은 350개나 되지만, 어떤 사람은 그보다 적거나 206개까지 떨어지지. 왜냐하면 뼈라는 건 서로 붙기도 하고, 퇴화하기도 하거든."

"그러면 뼈는 줄어들 수가 없나요?"

"나이가 들면 뼈의 길이가 줄어들어. 사람은 35살이 지나면서부터 뼈가 약해지기 시작하거든. 그래서 노인이 되면 키가 조금 작아지는 거야."

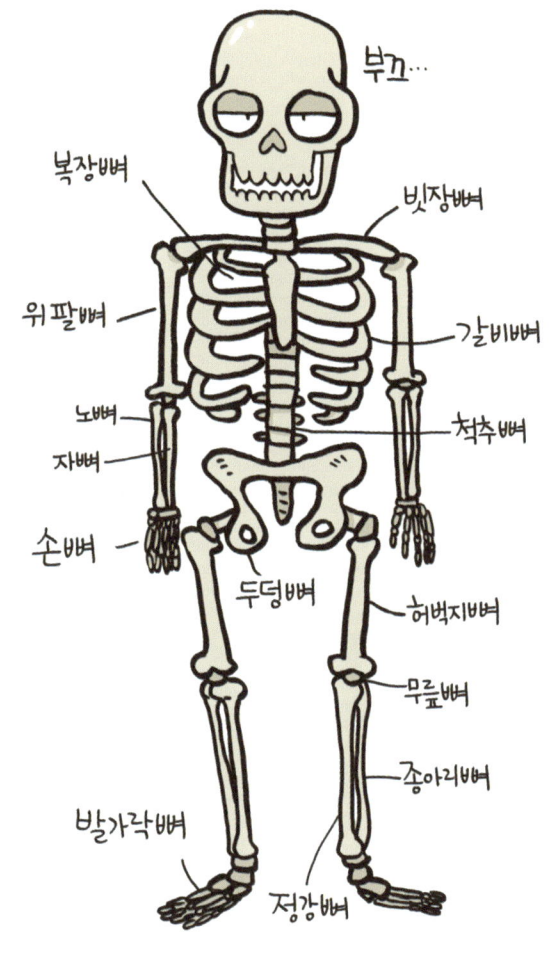

"그리고 또 뼈는 어떤 역할을 하나요?"

"뼈는 칼슘 저장고야. 우리 몸의 칼슘 99%는 뼈에 있지. 뼈는 칼슘을 저장해 놓았다가 몸에 필요할 때 피로 녹아서 나와. 만약 우리 몸의 칼슘이 부족하면 뼈는 계속 칼슘을 쓰게 되고,

결국 뼈는 점점 약해지겠지. 또 뼈는 근육을 지탱해 줘. 우리 몸을 움직이는 근육은 모두 뼈에 붙어 있어. 뼈가 없다면 근육은 힘을 쓰지 못할 거야."

"아, 바로 그런 거였구나!"

나는 내 뼈가 점점 강해지는 것 같은 느낌을 받았다. 이제 내 뼈의 모양을 바꿀 수만 있다면 잃어버린 내 몸을 다시 되찾을 수 있을 것 같았다.

"아, 잠시만. 휴허가 볼일을 보러 가고 싶다는구나."

할아버지는 밖으로 나가는 비상문을 열었다. 그러자 털북숭이 개는 얼른 밖으로 나갔다가 조금 후 다시 돌아왔다.

"정말 휴허의 마음도 읽을 수 있으세요?"

"너도 휴허랑 대화를 해 볼래?"

할아버지는 머리에 쓴 텔레파시 머신을 내게 벗어 줬다. 모양은 어설펐지만, 머리에는 잘 맞았다.

"휴허의 뇌에는 컴퓨터 칩이 설치돼 있어. 교통사고로 뇌의 일부를 잃었거든. 이 컴퓨터 칩으로 휴허의 마음을 읽을 수 있는 거야."

할아버지는 버튼을 이리저리 조절했다. 그때 치지직거리다가 뭔가 희미한 느낌이 전달됐다. 그건 목소리라기보다는 감정이었다.

"똥 싸고 나니 시원하네. 그런데 저 멍청한 애를 자꾸 핥고 싶어지네. 문어 냄새가 나."

"아, 들려요. 똥 싸서 시원하다는 말, 할아버지가 하신 말씀 아니지요?"

"휴허 목소리인가 보구나. 넌 특별한 능력이 있어서 쉽게 적응을 하는구나. 보통 사람은 잘 안 되는데."

나는 휴허 앞에 앉아 휴허의 눈동자를 바라봤다. 개는 어떤 생각을 할지 궁금했다. 그런데…….

"킁킁, 이게 무슨 냄새야? 어디서 발 고린내가 나네? 핥고 싶다."

휴허가 달려들어 내 발가락을 핥기 시작했다.

"으헤헤헤, 그만, 그만해! 우하하하!"

"어떻게 사람한테서 문어 맛이 나지? 정말 신기방기한 인간이야. 아, 맛있다. 엄청 큰 문어 맛 사탕이다!"

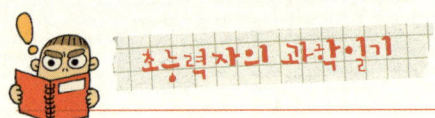

뼈에 대한 비밀 밝히기

어린이의 뼈 개수와 어른의 뼈 개수는 왜 다를까?

갓난아이의 뼈는 350개이다. 그런데 어른이 되면 208개로 줄어든다. 몸에서 뼈가 142개나 사라진 것일까? 그게 아니라, 사람은 나이가 들수록 뼈들이 서로 붙어 버린다. 그래서 뼈의 개수가 줄어드는 것이다.

머리의 뼈를 두개골이라고 하는데, 두개골도 1개의 뼈로 된 것이 아니고, 22개의 작은 뼈들이 서로 맞물려서 구성돼 있다. 사람의 뼈는 얼굴에만 14개, 갈비뼈가 24개, 척추뼈 33개, 왼쪽 손 27개, 오른쪽 다리 26개, 엉덩이 2개 등 굉장히 많다.

얼굴이 잘생기고 못생긴 건 피부가 결정하는 게 아니라 뼈의 모양이 결정한다. 사람의 얼굴은 뼈의 생김새로 정해지기 때문이다.

뼈에서 피가 만들어진다는 게 사실일까?

뼈의 안쪽에는 공간이 있다. 이 공간은 골수라는 것으로 채워져 있다. 골수는 부드러우며, 피를 만든다. 20살이 넘는 어른들은 척추뼈, 골반뼈, 가슴뼈 등 몸통에 있는 뼈에서 피가 만들어진다. 어린이일 때에는 이 뼈들과 함께 다리뼈에서도 피가 만들어진다.

뼈는 칼슘으로 이뤄져 있다. 만약 칼슘이 부족하면 뼈가 약해지고, 뼈에 구멍이 나는 골다공증에 걸린다. 칼슘이 풍부한 음식으로는 우유, 푸른 잎 채소, 곡물 등이 있다.

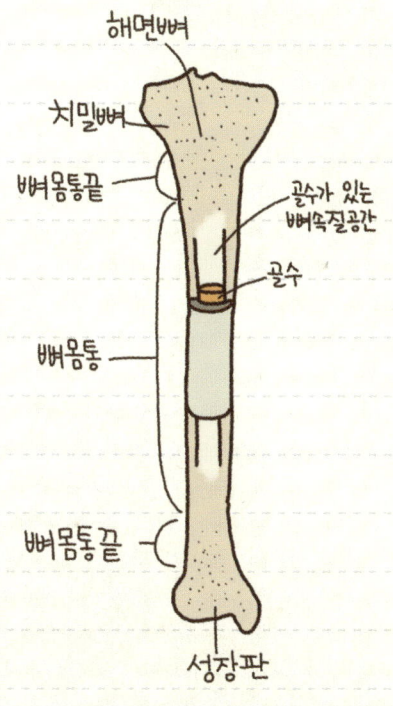

열여덟 번째 사건

진짜 범인을 추격하다

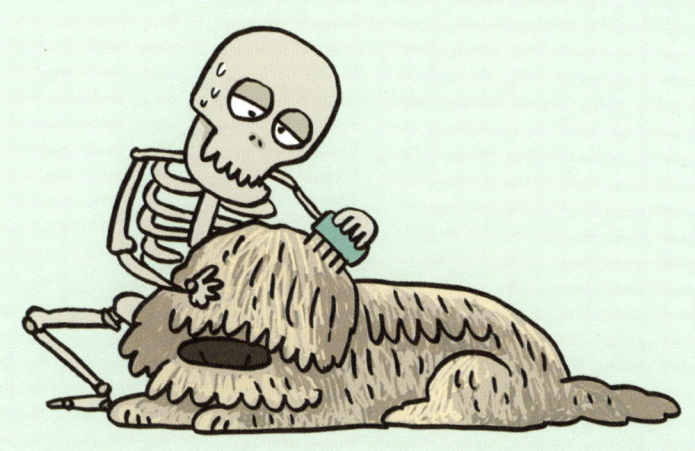

나는 지금까지 좀 모자란 초능력자였다. 내 초능력은 아무 짝에도 쓸모없는 초능력일 경우가 대부분이었다. 누가 봐도 신기하기는커녕 오히려 시시했다. 마치 속임수가 다 보이는 어설픈 마술사처럼.

그러나 앞으로 어설픈 초능력자로 살 수는 없다. 해야 할 일이 무척 많다. 우선 내 몸을 되찾고, 나를 은행털이범으로 만든 누명을 벗어야 한다. 가짜 나유식의 정체를 밝히고, 도망친 이금도도 다시 잡아야 한다. 그래야만 내 가족의 품으로 다시 돌아갈 수 있을 것이다. 아직 열한 살인 내가 이 일들을 해낼 수 있을까?

'나는 혼자다! 누구도 나를 도와주지 않는다!'

이런 생각이 들자 나는 자신감을 잃는 게 아니라 반대로 더 강해졌다. 여태까지 힘든 일이 생기면 이 핑계 저 핑계를 대며 어른들에게 도움을 요청했다. 일이 터질 때마다 "엄마!", "아빠!", "선생님!" 하고 외치면 저절로 해결됐다. 큰 소리로 울면 울수록 더 빨리 해결됐다. 그러나 이제 도와줄 사람은 없다. 큰 소리로 울수록 힘만 빠질 뿐이다. 내가 모든 것을 알아서 결정하고, 내가 한 일에 대해 책임지지 않으면 안 된다.

'어른이 된다는 것은 이런 것인가 보구나.' 하고 생각했다. 불과 며칠 사이에 나는 무척 성숙해졌고, 내 인생을 제대로 볼 줄 알게 됐다. 책에서 읽은 구절이 떠올랐다. 인간은 고난을 겪을수록 강해진다는 말.

한시라도 쉬고 있을 여유가 없었다. 아침에 일어나자마자 거울을 바라보며 내 몸을 되찾는 연습을 했다. 내 원래 모습인 나유식으로 돌아가기 위해 할아버지가 가르쳐 준 뼈에 대한 과학 원리를 떠올렸다. 내 몸속의 뼈들이 찌릿찌릿 신호를 보내는 기분이 들었다. 두개골, 얼굴뼈, 갈비뼈, 척추, 왼쪽 손, 오른쪽 다리 등으로 신호가 훑고 지나갔다.

"으힉! 이게 뭐야?"

거울 속의 나를 보고 입이 떡 벌어졌다. 내 몸은 뼈만 남고

피부와 살, 근육, 내장 등은 모두 사라져 버렸다. 코와 귀가 없는 해골이 입을 떡 벌렸다. 물을 한 잔 마셨다. 그러자 턱 밑으로 줄줄 샜다.

휴허가 내 다리를 물고 늘어졌다. 나를 아침 식사 거리로 생각하고 있었다.

"놔! 안 놔? 난 네 먹이가 아니야!"

나는 휴허를 떼어 내려고 온몸을 흔들었다. 그러자 달그락달그락 뼈다귀가 맞부딪히는 소리가 났다. 할아버지가 졸린 얼굴로 화장실을 다녀오다가 나와 쾅 부딪쳤다.

"어이쿠! 으악! 뭐야?"

할아버지가 비명을 질렀다. 그 소리에 나도 놀라 "으아!" 하고 비명을 질렀다. 그 덕분인지 초능력은 사라지고 내 몸은 원래대로 돌아왔다.

"휴! 간이 떨어지는 줄 알았다. 이게 네가 말한 별풍별 초능력이냐?"

할아버지의 말씀에 나는 무안해서 고개를 힘없이 떨구었다. 내 다리를 물고 있던 휴허는 입맛을 쩝쩝 다시며 떨어졌다.

"아직 어설퍼서 그래요. 인체의 과학에 대해 더 많이, 더 깊게 이해하면 제 몸을 완벽하게 변신시킬 수 있을 거예요."

"그렇구나. 꼭 그랬으면 좋겠다. 해골 모양으로 길거리를 돌아다닐 수는 없지 않겠니? 뼈 감자탕 집에서 널 가만두지 않을 거야."

"피부와 뼈에 대해서는 알게 됐는데, 또 어떤 걸 알아야 할지 모르겠어요."

"인간의 몸은 참으로 신비하고 놀랍지. 피부와 뼈는 인간의 아주 일부분에 불과해. 관절과 근육, 눈, 코, 귀, 입, 뇌와 신경, 세포와 DNA까지……. 나는 내 몸을 사이보그로 만들려고 인체에 대해 오랜 세월을 연구했지만, 아직 모르는 게 너무 많아."

"세상에는 신비로운 것이 많이 있다. 그러나 그 무엇도 인간보다 더 신비롭지는 않다. 소포클레스! 저희 아빠가 해주신 말이에요."

"멋진 말이구나. 인간이 인간의 몸에 대해 알아내고 완벽하게 이해할수록 나는 인간이 더욱 행복해질 것이라고 확신해. 인간이 늙고 병들고 죽는 원인을 밝혀내게 될 테니까."

그때 휴허가 빗을 물고 와 빗겨 달라고 손바닥에 놓았다. 휴허는 아무래도 나를 자기를 돌봐줄 도우미 정도로 생각하는 모양이었다. 나는 휴허의 엉긴 털을 살살 빗겨 줬다.

"사람은 왜 동물처럼 털이 많이 나지 않을까요?"

"사람이 원숭이보다 털이 적은 건 아니야. 개수는 비슷해. 단지 사람의 털은 아주 가늘고 짧고 색이 연해서 잘 보이지 않을 뿐이지. 사람 피부에는 500만 개의 털이 있어."

"그런데 피부에서 털이 자란다는 게 신기해요. 피부 속에 털이 숨어 있는 건가요?"

"그게 아니라 털은 피부가 변해서 만들어지는 거야. 손톱과 발톱도 피부가 변해서 만들어지지. 피부 각질의 성분이 케라틴이고, 털과 손발톱도 똑같은 케라틴 성분이야."

할아버지의 설명을 듣고 있자 서서히 내 몸이 원래대로 돌아오면서 털이 정전기를 일으킨 듯 바짝 섰다가 내려앉았다.

"사람의 머리카락은 얼마나 길어질 수 있어요?"

"아마 평생 기른다면 9미터쯤 될걸. 사람은 하루에 머리카락이 30미터씩 자라지."

"30밀리미터가 아니라 30미터예요?"

"사람의 머리카락은 대략 10만 개 정도 되는데, 하루에 0.3밀리미터 정도 자라거든. 0.3밀리미터×10만 개를 하면 30미터가 돼."

"그렇다면 한 달이면 1킬로미터! 와! 내 머리카락이 한 달마다 1킬로미터씩 길어진다니! 그런데 별로 길어진다는 느낌은 못 받겠는데요?"

"머리카락이 빠지기 때문이지. 정상적인 사람도 하루에 70~80개 정도는 빠지거든."

갑자기 내 머리카락이 바짝 서더니 위로 자

라기 시작했다. 내 모습은 사막의 가시 많은 선인장 같았다. 나는 어, 어, 하면서 힘 조절을 했다. 그제야 머리카락이 다시 주저앉아 원래 모습으로 돌아왔다. 잠시 후 나는 털이 나지 말아야 할 곳에 나고 말았다는 걸 알게 됐다.

화장실로 가서 세수를 하려는데 얼굴이 따가웠다. 내 손가락 끝에 털이 새카맣게 돋은 것을 발견했다. 가위로 깎았지만 또 금세 돋았다.

그때 좋은 생각이 떠올랐다. 나는 손가락 끝에 치약을 짜서 이를 닦았다. 어떤 칫솔보다 내 이빨이 잘 닦였다.

"오호, 이것 참 편하네."

가려운 곳을 긁을 때에도 아주 효과적이었다. 다음에는 구두를 닦아 봐야겠다는 생각이 들었다.

휴허가 혀를 내밀고 내 앞에 앉았다. 까만 눈동자를 보니까 여자 친구 희주가 떠올랐다. 희주의 눈동자는 강아지처럼 크고 맑았다.

이대로 가만히 있을 수는 없었다. 경찰들이 우리 집을 포위하고 있을 테니까 집으로 가기는 어려웠다. 나는 학교로 가서 가짜 나유식을 살펴보기로 했다. 어쩌면 가짜 나유식의 정체를 알 수 있을지도 모르기 때문이었다. 혹시 보고 싶은 희주의 얼굴도 볼 수 있을 것이라고 기대했다.

나는 할아버지의 코트를 빌려 입고 머리에는 헬멧을 썼다. 초능력으로 머리카락과 턱수염, 눈썹을 길게 했다. 그러자 휴허처럼 털북숭이가 됐다. 이것으로 이금도의 얼굴을 대충 가릴 수 있었다.

변신술을 이용해 보안관 할아버지를 피해서 간신히 교실로 숨어들었다. 보호색으로 위장한 채 교실 벽에 찰싹 달라붙어 가자미눈으로 교실을 살폈다. 다행히 젖꼭지에 대한 과학을 배워서인지 젖꼭지도 변신했다.

그리운 친구들과 선생님의 모습이 보였다. 달라진 것은 하나도 없었다. 눈물이 날 것 같았지만 꾹 참았다. 벽에서 눈물이 흐르면 아이들이 얼마나 놀랄까?

"여러분, 오늘 우리 반에 꼬마 영웅이 탄생했어요. 여러분도 아시지요?"

선생님의 질문에 아이들이 힘껏 "네!" 하고 대답했다.

"나유식 군이 우리 동네 마트에서 음식을 훔치던 도둑을 잡아서 경찰에 신고했어요. 경찰서장님께서 유식 군에게 훌륭한 시민 상을 수여했고, 교장 선생님께서도 용감한 어린이상을 주셨어요."

아이들이 "와!" 하면서 손뼉을 쳤다. 아이들 사이에서 가짜 나유식이 흐뭇한 표정으로 앉아 있었다. 내 눈에는 거만해질 대로 거만해 보였다.

"유식 군이 갑자기 달라졌지요? 예전하고 다르게 수업 시간에 엉뚱한 질문도 안 하고요. 친구들하고 사이도 좋고, 착한 모습을 보여서 선생님도 정말 기뻐요. 그래서 그런지 유식 군의 인기가 요즘 우리 반, 아니 전교 최고예요! 우리 친구들도

유식이를 본받아 착한 어린이가 되길 바랍니다."

선생님은 가짜 나유식에게 상장과 커다란 상품, 트로피를 줬다. 선생님과 친구들의 축하를 받으며 가짜 나유식은 미소를 흘렸다. 희주조차 부러운 눈길로 가짜 나유식을 바라봤다.

학교로 오면서 나는 이렇게 기대했다. 가짜 나유식을 좋아할 친구는 없을 것이라고. 나처럼 재미있지도 않고, 친절하지도 않으니까 친구들에게 금방 따돌림을 당할 것이라고. 그런데 가당찮게도 놈이 영웅이 되다니! 내 마음은 팥죽 끓듯 부글부글 끓었다. 당장이라도 쫓아가서 가짜 나유식의 목덜미를 잡고 놈의 정체를 밝혀내고 싶었다.

'참자. 너무 서두르면 오히려 당할 수가 있어. 결정적인 기회가 올 때 한 방에 날리자.'

변신을 오래 하고 있어서인지 나는 점점 힘이 빠졌다. 발각되기 전에 안전하게 벗어나야 했다. 나는 축구공으로 변해 데

굴데굴 굴러갔다. 복도를 거의 빠져나왔을 때 한 아이에게 발각됐다. 아이는 내 옆구리를 힘껏 걷어찼다.

 퉁, 팅, 통.

 '에구, 머리, 어깨, 허리, 다리, 발가락이야.'

 나는 간신히 교문을 빠져나왔다. 수업이 끝나서 가짜 나유식이 나올 때까지 나는 헬멧을 쓰고 골목에 숨어 있었다. 사람들에게 들킬까 봐 할아버지의 코트 깃을 높이 올린 채 목을 거북이처럼 움츠렸다.

 종소리가 울리고 조금 후 가짜 나유식이 친구들과 함께 교문을 나섰다. 가짜 나유식의 인기는 폭발적이었다. 여러 명의

아이들이 놈을 졸졸 따라다녔다.

그러나 다행히 그 사이에 희주는 보이지 않았다. 희주는 외톨이처럼 가장 늦게 혼자 교문을 나섰다. 뭔가 슬픈 일이 있는지 희주의 얼굴은 그다지 밝아 보이지 않았다.

나는 가짜 나유식을 몰래 쫓아갔다.

'이런 걸 미행이라고 한다지?'

나는 마치 특수 형사가 된 기분이 들었다. 가짜 나유식은 분식점에 들렀다.

"얘들아, 마음껏 먹어. 내가 다 사 줄게."

"와! 역시 유식이는 최고야!"

아이들은 정신없이 먹기 시작했다. 어묵 꼬치부터 떡볶이를 담았던 빈 접시까지 수북하게 쌓였다.

'돈으로 인기를 사고 있군. 나쁜 녀석, 머지 않아 추악한 정체를 낱낱이 발가벗겨 주겠어. 바나나 껍질을 벗기듯이 발가벗길 테다!'

"휴, 더는 못 먹겠어. 토할 정도로 먹었어."

아이들은 잔뜩 부른 배를 두드렸다. 가짜 나유식이 분식점 아주머니에게 물었다.

"오늘 먹은 게 얼마예요?"

"모두 만팔천 원이구나."

"얼마 안 나왔네요. 얘들아, 먼저 가. 내가 계산할게."

"오늘도 고마워. 유식이, 넌 정말 좋은 친구야."

아이들은 고맙다는 인사를 하면서 흩어졌다. 아이들이 모두 사라지는 걸 보고 가짜 나유식은 분식점 아주머니에게 말했다.

"아주머니, 제가 예쁜 돌멩이 보여 드릴까요? 이 돌멩이를 보고 있으면 반짝반짝 빛이 나면서 소원이 이루어져요."

가짜 나유식은 목에 걸었던 돌멩이를 손에 들었다. 그것은 내 콧구멍 속에 든 별똥별과 비슷하게 생겼지만 훨씬 컸다. 가짜 나유식은 돌멩이를 좌우로 흔들기 시작했다. 아주머니의 눈동자가 돌멩이를 따라 오락가락했다.

"아주머니, 제 눈을 보세요. 4, 3, 2, 1. 레드썬! 당신은 내가 하는 말을 무조건 믿는다."

믿을 수 없는 광경이 펼쳐졌다. 갑자기 아주머니가 마네킹처럼 반듯하게 섰다.

"네. 저는 무조건 믿습니다."

아주머니가 넋이 나간 듯이 중얼거렸다. 아주머니는 최면술에 완벽하게 걸린 것 같았다. 가짜 나유식은 가로수 밑에 떨어진 낙엽을 주워 아주머니에게 내밀었다.

"여기 돈을 드리겠어요. 이 돈은 십만 원입니다."

"감사합니다. 이렇게 큰돈을 주시다니요."

아주머니는 허리를 굽실거리며 인사를 했다. 가짜 나유식은 입술을 일그러뜨리며 미소를 지었다. 그리고 저만치 가다가 말고 깜빡 까먹은 게 있다는 듯이 돌아섰다.

"아참, 잔돈은 거슬러 주셔야지요."

"네, 여기 있습니다."

아주머니는 금고에서 만 원짜리를 수북하게 꺼내 가짜 나유식에게 내밀었다.

"내일 또 올게요. 수고하세요."

"안녕히 가십시오."

아주머니는 다시 허리를 굽혀 배꼽 인사를 했다. 가짜 나유식이 큰길 건너 사라지자 아주머니가 정신을 차렸다. 아주머니는 손에 쥔 낙엽을 들고는 고개를 갸웃거렸다.

"무슨 일이 일어난 거지? 내가 청소를 했나?"

아주머니는 마치 꿈을 꾼 듯한 표정을 짓고는 다시 음식을 만들기 시작했다.

"나쁜 놈! 저렇게 나쁜 놈이 다 있나? 저런 식으로 친구를 속이고, 선생님을 속이고, 사람들을 속이면서 살았나 보군. 우리 가족도 저런 식으로 갖고 노는 거 아니야?"

나는 분해서 주먹을 불끈 쥐고 부르르 떨었다. 눈에서 불이 나갈 것 같았다. 그러나 거리에서 놈을 덮칠 수는 없었다. 사람들의 눈에 나는 탈옥범 이금도이고, 놈은 어디까지나 착한 초등학생이었기 때문이다.

가짜 나유식은 혼자 어디론가 걸어갔다. 나는 놈을 놓치지 않으려고 끈질기게 미행했다. 가짜 나유식은 집으로 가는 것이 아니라 극장으로 들어갔다. 나도 가짜 나유식을 따라 극장으로 들어갔다. 나는 단둘이 만날 기회를 잡으려고 했다.

가짜 나유식이 극장 안의 화장실로 들어갔다.

나는 몇 걸음 옆에서 나란히 변기 앞에 섰다. 화장실에는 우리 둘 말고는 아무도 없었다. 드디어 단둘이 된 것이다.

나는 가짜 나유식을 힐끔 쳐다봤다. 놈은 내 귀여운 고추를 잡고 쉬를 했다. 나는 징그러운 이금도의 고추를 잡을 수가 없어서 대충 쉬를 하다가 바지에 묻었다.

'으잇! 되는 일이 없네. 아, 이제 어떻게 해야 할까?'

너무 긴장해서 그런지 등줄기가 서늘해지고, 손발이 땀으로 젖었다.

'가짜 나유식을 잡아 경찰에 넘길까? 나는 어른 몸집이라서 키도 크고 힘이 세니까 초등학생 정도는 얼마든지 다룰 수 있을 거야. 아니, 경찰에 데려가 봤자 오히려 날 잡아갈 거 아니야? 납치를 할까? 납치를 해서 정체를 밝히고 내 몸을 돌려달라고 혼을 내줄까?'

그때였다.

"크크크."

가짜 나유식이 웃으며 말을 걸었다.

"이금도, 아까부터 날 쫓아오느라 고생 많았어."
깜짝 놀란 나는 얼음처럼 굳어졌다.
'언제부터 내 정체를 눈치채고 있던 걸까?'
"이금도, 아무리 변장해도 네가 누군지 알아."
"나는 이금도가 아니야! 나유식이야!"
내가 소리쳤다.
"후훗, 며칠 전까지는 나유식이었지만, 지금은 이금도가 분명해. 거울에 비친 네 모습을 보란 말이야. 내가 나유식이고, 넌 이금도야."

가짜 나유식의 말대로 거울에 비친 내 모습은 초라한 도망자 이금도였다.

"이금도, 나는 네가 무슨 생각을 하는지 다 읽을 수 있어. 너는 지금 나를 겁줘서 네 몸을 돌려달라고 할 모양인데, 꿈도 꾸지 마. 내가 비명만 지르면 넌 끝이야. 사람들이 달려와서 널 당장에 경찰에 넘길걸."

그랬다! 가짜 나유식은 내 생각을 모조리 읽고 있었다.

가짜 나유식도 초능력자가 분명했다. 내 머릿속을 자기 손바닥 보듯이 훤히 들여다보며 내가 무슨 생각을 하는지, 어떤 행동을 하려는지 이미 다 알고 있었다. 나는 미리 계획해 놓은 걸 행동으로 옮길 수 없었다.

"크흐흐, 가소로운 녀석. 열한 살 주제에 어른 흉내를 내네."

가짜 나유식이 나를 비웃었다. 그 웃음은 지금까지 한 번도 본 적이 없을 정도로 차갑고 날카로웠다. 나는 점점 가짜 나유식이 무서워지면서 후들후들 떨리기 시작했다.

"가짜 나유식! 넌 정체가 뭐야? 왜 내 모습을 하고 있는 거지?"

"아직도 모르겠어? 내가 누구인지? 다시 한 번 거울을 봐."

그러자 거울 속의 나는 나유식으로 변했고, 가짜 나유식이 이금도로 변했다.

"이금도! 은행 도둑 이금도!"

하지만 실제 내 모습은 이금도였고, 가짜 나유식도 나유식 그대로였다.

아! 이제야 모든 걸 분명하게 알게 됐다. 은행털이범 이금도가 내 몸과 자신의 몸을 뒤바꾸었다는 사실을! 얼마나 강력한 초능력을 가졌기에 이렇게 할 수 있는 걸까?

"이금도 아저씨, 저한테 왜 그러세요? 왜 제 모습을 하시는 거예요?"

내 질문에 가짜 나유식의 대답은 간단했다.

"넌 날 닮았으니까."

"제가 왜 아저씨를 닮아요?"

"나도 너처럼 호기심이 많고, 엉뚱한 짓을 하는 걸 좋아하거든."

"제발 제 몸을 돌려주세요. 아저씨 때문에 저는 감옥에도 갔다 왔다고요."

"유식아, 감옥에 보낸 건 미안하다. 그건 내가 계획했던 일이 아니야. 내가 생각해도 좀 심했어. 사과할게."

말은 그렇게 했지만, 가짜 나유식은 조금도 미안하지 않은 표정이었다.

"이금도 아저씨, 이제 연극은 그만하시고, 제 몸을 돌려주세요. 멋진 몸도 아니잖아요. 체력도 저질 체력, 주부 습진에, 겨드랑이 냄새, 발 고린내도 난다고요."

내 말에 가짜 나유식은 코웃음을 쳤다.

"후훗, 미안하지만 아직 멀었어. 난 그럴 생각이 전혀 없거든."

참았던 눈물이 주룩주룩 흘렀다. 마음속이 화산처럼 폭발할 것 같았지만, 초능력자 이금도 앞에서 내가 할 수 있는 게 아무것도 없었다.

가짜 나유식이 내 눈을 빤히 들여다보며 어린아이 달래듯이 말했다.

"유식아, 착한 유식아, 네 주변을 살펴보렴. 학교도, 가정도, 선생님도, 친구들도 너보다 나를 더 좋아하지 않니? 너는 공부 시간에 쓸데없는 질문이나 해서 선생님을 괴롭히고, 엉뚱한 애로 소문이 나서 친한 친구도 없었잖아."

"그럴 리가 없어요! 제가 말썽을 좀 피우기는 했지만, 그건 다 참을 수 없는 호기심 때문이었다고요! 흑흑흑."

내 볼을 타고 눈물이 주룩주룩 흘렀다.

"유식아, 철없는 유식아, 너희 집을 보렴. 넌 집에서도 골칫덩어리였어. 세탁기, 냉장고, 전자레인지, 시계, 컴퓨터……. 너는 눈에 보이는 건 다 뜯어 봐서 부모님에게 피해를 줬잖아. 고장 나서 테이프로 붙여 놓은 물건이 한두 개가 아니야. 텔레비전에 나오고 싶다고 텔레비전을 뜯고, 그 속에 들어가 있는 아이가 정상이라고 생각하니?"

"그건 여섯 살 때 일이에요. 이제는 텔레비전으로 들어갈 수 없어요. LED로 바뀌었단 말이에요. 우리 가족이 호기심이 많다고 저를 버릴 리가 없어요. 선생님도, 친구들도 저를 기다릴 거라고요. 흑흑흑."

나는 가짜 나유식을 잡고 눈물을 흘리며 애원했다. 밤새도록 복수의 칼을 갈았건만, 결국 내가 하는 행동이 고작 눈물 작전이라니…….

"유식아, 울보 유식아, 사람들을 살펴보렴. 네가 사라지니까 모든 사람들이 행복해 하잖아. 다른 사람들을 위해 넌 사라져야 해. 네가 없어져야 너희 가족도, 선생님도 행복해져. 그러니까 너희 집에는 너보다 내가 더 잘 어울려."

가짜 나유식은 나를 무시하고 뒤돌아섰다. 몇 걸음 걸어가

더니 문득 기억난 듯 뒤를 돌아봤다.

"아참! 유식아, 코딱지만 한 별똥별과 과자 상자는 잘 받았지?"

나는 눈이 튀어나올 정도로 놀랐다.

"감옥에서 나한테 별똥별과 인체 변신 과학을 보내 준 사람이 이금도 아저씨였어요?"

가짜 나유식은 대답 없이 "후후후!" 하고 비웃었다.

"왜요? 왜 저를 감옥에서 구출해 주신 건데요?"

"너는 아직 쓰임새가 많거든. 감옥에 가둬 놓기에는 아직 아까워. 너는 나를 도와줘야 할 일이 있으니까."

나는 소름이 오싹 끼쳤다. 머리카락이 쭈뼛 서고 팔다리가 부르르 떨렸다.

사람들이 이상한 눈길로 우리를 쳐다봤다.

어른의 몸을 가진 내가 초등학생인 아이에게 존댓말을 하면서 눈물을 흘리며 애원했기 때문이다.

사람들이 하나둘 점점 주변으로 몰려드는 게 부담스러웠다. 나를 알아보고 경찰에 신고를 하면 나는 다시 잡혀갈 것 같았다. 나는 얼른 자리를 피했다.

"절대로 용기를 잃지 않겠어! 정의의 이름으로 당신을 심판

할 거야!"
 그날 밤, 나는 밤새도록 그렇게 잠꼬대를 했다.

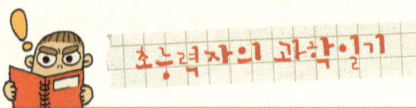

털과 관절에 대한 비밀 밝히기

사람은 왜 털이 사라졌을까?

아주 까마득한 옛날, 사람에게는 털이 아주 많았다. 털은 추위를 막아 주고, 여름에는 햇빛으로부터 몸을 보호해 준다. 그런데 어느 날부터 사람에게서 털이 사라지기 시작했다. 과학자들은 왜 털이 사라졌는지는 연구했지만 아직 밝혀내지 못했다.

뼈와 뼈는 무엇으로 붙어 있을까?

뼈와 뼈 사이를 관절이라고 한다. 뼈가 서로 맞물려 움직일 수 있도록 마디로 돼 있다. 뼈와 뼈는 붙어 있는 게 아니라 떨어져 있다. 뼈와 뼈가 서로 도망가지 않도록 이어 주는 게 있는데, 그것이 바로 인대이다. 인대가 없다면 뼈는 제멋대로 움직일 것이다.

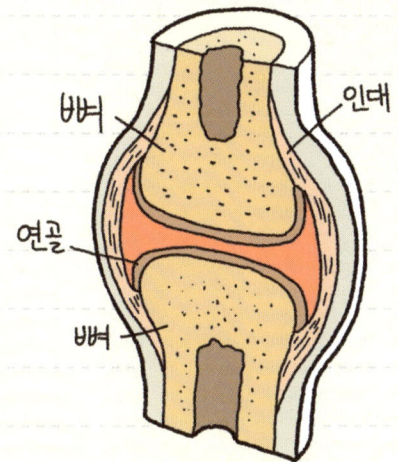

관절이 아픈 것으로 날씨를 예측할 수 있을까?

노인들은 관절이 아프면 날씨가 안 좋아질 것이라고 미리 알아내기도 한다. 태풍이나 장마가 오려고 하면 관절이 시리고 쑤신다고 한다. 과학자들은 관절이 어떻게 날씨를 척척 알아맞히는지 밝혀내지 못했다. 어떤 과학자들은 습도와 기압 때문으로 추측하고 있다. 날씨에 변화가 생기면 습도가 높아지고 기압이 떨어진다. 그러면 관절에 평소보다 더 많은 혈액이 모이면서 압력을 받는다는 것이다.